いま読む！名著

ヴェーバー『プロテスタンティズムの倫理と資本主義の精神』を読み直す

「働く喜び」の喪失

荒川敏彦
Toshihiko ARAKAWA

現代書館

いま読む！名著

「働く喜び」の喪失

ヴェーバー『プロテスタンティズムの倫理と資本主義の精神』を読み直す

✲

目次

いま読む！名著

「働く喜び」の喪失

ヴェーバー『プロテスタンティズムの倫理と資本主義の精神』を読み直す

序章

生活態度への問い

職をめぐる不安

いまからおよそ一世紀前、マックス・ヴェーバーは『プロテスタンティズムの倫理と資本主義の精神』（以下、本書では『倫理』と記す）をめぐる論争のなかで、批判に応えて次のように述べた。

> 私は、ポーランド人労働者を〔ドイツ西部の〕ヴェストファーレンへ、〔中国人やインド人の〕クーリー[*1]をカリフォルニアへ輸入する、機械的基礎の上に立った今日の資本主義は、初期の資本主義として提示したご承知の問題〔『倫理』が論じた問題〕とはまったく別の関係にあるということを、まさに強調に強調を重ねて述べていたのです。[*2]

国境を越えた労働者の移動は、当時からすでに当たり前となっていた。現在ではヴェーバーの時代よりもいっそう大規模な形で境界の流動化が進み、移動は激しくなっている。低賃金労働へと送り込まれる多くの移民労働者にとって苛酷さは増しているといえるだろう。

一世紀後の二〇一六年は、イギリスがEU離脱の決定を下し——四年後にはじっさい離脱した——、またアメリカでは不法移民を排除して国境に壁をつくると主張したトランプ候補が大統領となる——四年後には二期目への意欲をみせている——など、「移民に職が奪われる」式の世論が顕在化した（煽り立てられた）年であった。この潮流は世界でますます勢いを増している。そこには、人びとの職への不安と不満の鬱積がみられる。

移動するにせよしないにせよ、人びとは職を求めてせめぎ合い、そのあいだには深い溝が横たわっている。それが国際社会のあり方にも深刻な影響を及ぼしうることは、いま、私たちが目の当たりにしているところである。

しかし、そんな溝などおかまいなしに、現代の資本主義は労働者や商品、資本を大量に国際移動させている。企業は、安い労働力、安い法人税、安い関税を求めて工場を移転しつづける。その点で、二〇世紀初頭にヴェーバーが「今日の資本主義」と述べた労働力移動の事情と基本的に変わりはない。その意味では私たちも、ヴェーバーとともにこの「今日の資本主義」の内部で生きているのである。

しかし、ヴェーバーが少々いら立ちながら述べているように、『倫理』が課題として取りあげたのは、そうした「今日の資本主義」における社会関係とは異なる問題であった。その中心は、四〇〇年ほど前、産業革命以前の、近代資本主義が西ヨーロッパで勃興しはじめようとする時代についての考察なのである。しかもキリスト教世界の出来事という面に焦点が当たるとなれば、現代日本社会とはあまりに状況が異なっている。『倫理』という著作を読むとき、この点には留意しておくべきだろう。

しかし、それでも、現代日本の私たちにとって『倫理』は刺激的な著作である。その背景には、ヴェーバーがえぐり出した、宗教的な不安から職業労働へと駆り立てられていったかつてのピューリタンの姿が、現代社会における私たちが不安に駆り立てられて働いている姿と重なり合う面があるように思われる。

不安の中身は人それぞれであるが、多くの人にとって働くことは生活の中心をなしており、当然、働くこと、職業労働をめぐる不安は、健康や命の問題と並んで深刻な問題として映っているだろう。現代人が不安や社会的圧力に駆り立てられて長時間労働や苛酷な業務につき進むことで、そのような生活態度を取(れ)る人を中心とする社会が形成され、ますます不安の裾野が広がるという皮肉。『倫理』は初期近代を扱ったきわめて歴史的な著作ではあるが、社会と個人をめぐるこの悪循環の構造は、意味を変化させながらも、歴史を超えていまなおくり返されているように思われる。

ピューリタンの禁欲の行く末が、その意図せざる結果としての「今日の資本主義」であるのなら、その「今日の資本主義」に駆り立てられる私たちの将来は、どのようなものとなるのだろう。私たちはどこから来て、どこへ行くのか。『倫理』を読むとき、そうした来し方と行く末に思いをはせるのであろう。

バイト漬けの学生生活から自己マネジメント型の正社員へ

来し方行く末に思いをめぐらせてしまうのは、生活時間の大半を占める職業労働において、自らの生が充実していると感じられないからだろう。じっさい、現代日本の労働環境は、お世辞にもよいとはいえない。労働者の四割に達するという非正規雇用者の増加、格差の拡大、低賃金や長時間労働、それらに伴うワーキングプア、貧困の世代間連鎖[*3]、パワハラ、「隠れ」と呼びうるものも含めれば相当な数にのぼるだろうブラックバイトやブラック企業、鬱病の増加、そして過労死……。

高校生や大学生のときにアルバイトを経験する若者たちは、バイトの現場で日々この問題に直面している。もちろん、良質なアルバイト先で働き、よい経験を積む人も少なくはないのだが、強圧的なシフトの要請は当たり前のことだと思っている者が多いのも事実である。それが不当なことだと悟ったときはすでに、「それでもこの状況を受け入れるしかない」という諦念の回路にはまり込んでしまっている。自分にとって当たり前の義務がブラックといわれることに驚く、という事態すら発生しているのである。

そこには、「自分には責任がある」という思いも働いているし、その思いは「やりがい」にも通じているため、問題は複雑である。「社会とつながる」唯一の場がバイトであるといったケースも少なくはない。

しかし、学生が、「自分がやらないと、他にする人がいないんですよ」といって、授業を休んでまでバイトのシフト要請に応じてしまう状況は問題であろう。そうしたバイトのため授業の単位が取れずに留年し、結局は大きな損失を抱えてしまう学生もいる。こうなると、何のためにアルバイトをしているのか分からない。それはもはや、生活を支えるため、学費を払うため、あるいは遊ぶお金ほしさに、さらには単に金銭を得るために、といった目的のためのバイト＝労働とはいえない。学業はもちろん、自分の健康や家族関係を犠牲にしてまでも、とにかく働かねばならないという義務の意識である。アルバイトなんだから辞めればいいじゃないか、という意見もあるし、それはまっとうな意見なのだが、現実には辞めることすら困難な意識に追い込まれているのである。

自ら経験したり、あるいは知り合いに経験者がいたりして、直接・間接にブラックの経験があるからこそなおさら、若者の就活に対する不安は大きい。仮に首尾よく「よい会社」に、正社員として就職できたとする。するとそこで待ち受けているのは、将来に向けた絶えざるスキルアップ、能率向上のための果てしない努力の要請である。巷にあふれる自己啓発にかかわるハウツー本やセミナーは、そうした風潮を物語っているし、助長もしている。

いっそう問題を深刻にしているのは、その自己啓発の要請が果てしなく続くということ、つまりその要請が内面化され、労働の現場を離れても続いてしまうことである。ある啓発本には人生は朝が勝負といわれ、またある本では寝る前五分の効能が説かれる。朝起きてから寝るまで、いや効率のよい（生産的な?）睡眠法のススメまで含めれば文字どおり二四時間にわたる、生活全体の自己管理が求められているのである。

私たちは、一体どこへ向かおうとしているのか。あるいは、どこへ向かう流れに方向づけられているのか。一世紀前、ヴェーバーもこの問いを内に抱えながら、それを歴史の根源から照らし出す鏡として、「初期の近代資本主義」における人びとの生き方を問題にした。本書では、『倫理』が読者に投げかけた問題を、一〇〇年後の現代の視点からすくい取ってみたい。

『倫理』の〈結論〉

『倫理』は、次々に問いを投げかけながら論が進んでいく。ミステリー小説のようなスリリングさがあるといえば聞こえはよいが、キリスト教の諸教派にかんする記述も含め、該博な知識が凝縮して書き込まれているなかで問いがくり出されており、読み手が全体の問いを見失わずに読み進めるのは至難の業ともいえる。

前から読むと問いの迷路に陥るのなら、思い切って後ろから、つまり結論を確認することからはじめてみてはどうか。ゴールを見定めておけば、迷ったらそこに立ち返ることができる。本書の考察で基準としたい『倫理』の〈結論〉は、次の一文である。

近代資本主義の精神の、いやそれのみでなく、近代文化の構成要素の一つというべき、天職理念を土台とした合理的生活態度は——この論文はこのことを証明しようとしてきたのだが——キリスト教的禁欲の精神から生まれ出たのだった。*4

宗教が資本主義を生んだという話ではなかったのか。そんな驚きがあるかもしれない。たしかに、これまで『倫理』はそのように紹介されることが多かった。

たとえば『倫理』の岩波文庫版カバーは、次の一文をもって読者を案内する。「営利の追求を敵視するピューリタニズムの経済倫理がじつは近代資本主義の生誕に大きく貢献したのだという歴史の逆説を究明した画期的論考」と。

いま本文で確認した〈結論〉とずいぶん違う。だが、日本でもっとも読まれているだろうこの文庫版——本書もこの文庫版を参照ページにあげる——の案内であることを考えれば、これはおそらく日本でもっともよく知られた内容紹介といってよいだろう。ついでにいえば、これは何も岩波文庫の問題ではなく、世界的にもそう理解されてきたのである。

ちなみにこのカバーには、案内文と並んで、ピューリタン文学の最高傑作であるバニヤンの『天路歴程』の挿絵らしきものが掲載されている（The Pilgrims Progress というタイトルがみえる）。旅立つピューリタンが顔を向けるのは左方向の光り輝く神の国であり、右方向には「滅びの町」（Destruction という文字がみえる）を越えた先の門の下で悪魔が待っている。信徒の心象風景を描いた、『倫理』の核心中の核心にかかわる絵である。

あらためて、この文庫の案内文を本文の結論文と比較してみよう。案内文には、〈結論〉で述べられていた三つの重要な語が欠落していることに気づく。第一に、「生活態度」の語が用いられていない。第二に、「近代資本主義の精神」ではなく、近代資本主義が問題にされている。つまり、「精神」に意識が向かっていない。第三に、「天職」の語も出てこない。

生活態度、精神、天職。これらの用語が使われていないからといって、それがただちに意味内容のずれを示すわけではない。しかしこの三概念がいずれもないことを総合してみると、文庫の案内文の関心は、〈結論〉がいう天職理念を土台とした合理的な生活態度の来歴にはなく、資本主義の発生史に向けられているようだ。資本主義の成立という関心が前面に押し出され、個人の生き方・生活態度への関心がみられないのである。いいかえるなら、あまり人間に関心を向けたものになっていない。

もちろん、資本主義とは何か、資本主義はどのように形成されたかといった問題の重要性には疑いがないし、『倫理』がその問題を強く意識して書かれたことも間違いない。資本主義の成立問題はヴェーバーの時代にも盛んに議論されていたし、現代の私たちにとっても生活がかかった、さらには命すらかかった深刻な問題でもある。ヴェーバーも、近代における資本主義の問題を考えたからこそ、『倫理』で問う精神的態度を「資本主義の」精神という概念で把握したのであった。しかし、ヴェーバーが直接『倫理』で問題にしたのは、資本主義ではなく資本主義の精神であり、合理的な生き方＝生活態度であった。

もう少し補足しておこう。〈結論〉に立ち返ると、合理的生活態度は、天職理念と深くかかわるものでありながら、近代資本主義の精神にとどまらず「近代文化の構成要素の一つ」として把握されている。したがって『倫理』が扱った問題は、職業問題にとどまらない。そもそも天職という語からして意味がありそうだ。

「職業」と「資本主義」の関連といわれれば、まだ分かりやすい。しかし、その分かりやすさを超えて、天職と近代文化の関連、それにかかわる個人の生き方、生活態度が問われているのである。

それは裏返せば、ヴェーバーが「近代」の根源に資本主義の問題があるとみたことを示している。そのうえで、近代資本主義に覆われた社会で個人がいかに生きるかという点に、問いを絞り込んだということではないか。資本主義の問題を、生活態度という視点から捉え直した。この点が『倫理』の一つの読みどころであるように思われる。

「誤解」と予防線

ここまで、『倫理』の〈結論〉を確認して、羅針盤を手に入れた。これで「いま読む！『倫理』」となればいいのだが、そう簡単ではない。問いを積み重ねながら進む『倫理』の議論は、どれが全体の問いなのか見失って、趣旨を「誤解」する危険があるからだ。

もちろん、テキストの解釈は多様であってよい。ヴェーバーも『倫理』と同年（一九〇四年）、しかも同じ雑誌の同じ号に発表した論文で、次のように述べていた。

いつかは色彩が変わる。無反省に利用された観点の意義が不確かとなり、道が薄暮のなかに見失われる。大いなる文化問題が、さらに明るみに引き出されてくる。そのとき、学問もまた、その立場と概念装置とを換えて、思想の高みから事象の流れを見渡そうと身構える。学問は、ただそれのみが研究に意味と方向とを示せる星座をめざして、歩みを進める。*5

学問は、永遠に歩みを進めていくものである。『倫理』で考察された一六、一七世紀と、ヴェーバーが『倫理』を書いた二〇世紀初頭、そしてそれを読む二一世紀の、しかもドイツでなく日本に生きる私たち、そのどれもが異なる状況にある。一人一人の読み方は無限にあるといってよい。ここでは、著者がはじめから否定し反論している解釈について「誤解」といおう。誤解ないし誤読は創造の母ともいわれるが、少なくとも著者の反論に少しは敬意をはらって読むのが、再解釈のくり返しによって知のあり方を豊かにする古典解釈のプロセスだと考えるからである。では、ヴェーバーは『倫理』の「誤解」にどのような予防線をはっていたのか、あるいは、後に反論を加筆したのか。

その議論に入る前に、テキストの成立について確認しておきたいことがある。ヴェーバーは『倫理』を一九〇四年と一九〇五年に雑誌に発表した後、その後の論争を踏まえて加筆修正し校正まで済ませた最終稿を、一九二〇年に出版社に送っていた。しかし、その直後に肺炎をこじらせて、刊行をみることなく急逝したのであった——ちょうど世界中にスペイン風邪が流行した時期だった。したがって初版と改訂版のあいだには、少なからぬ加筆修正がある。その少なくない部分が「誤解」の予防線だったというわけである。

いま、私たちが通常読んでいるのは、一九二〇年版の最終版『倫理』である。[*6] 将来起こりうる誤解を防ごうと加筆修正をした著者腐心の予防線にもかかわらず、数々の「誤解」がその後発生したことは、『倫理』が古典とみなされるにいたる不可避の過程だったのかもしれない。

ともあれ何が「誤解」かの判定は難しい。ここでは、合理的生活態度の起源と形成という先の〈結論〉を重視する視点から、ヴェーバーがテキストに書き込んだ予防線——そう読んでほしくないという注意書き——を拾いあげながら、五つの点について確認しておきたい。

資本主義発生論型

第一の「誤解」は、資本主義発生論型とでも呼べるものである。この解釈は、岩波文庫のカバー案内文のように、資本主義の精神の起源ではなく資本主義の発生を問題にする。タイトルにある「資本主義の精神」を重視しないこの視点は、宗教が資本主義をつくったという解釈につながっている。

しかし、何も宗教と資本主義の関係という取り合わせの妙で『倫理』が書かれたわけではない。『倫理』の冒頭でヴェーバーは、プロテスタント信者がカトリック信者よりも経済的に優位にあることを、当時の新聞や文献がたびたび取りあげていると述べている。つまり、プロテスタンティズムと近代資本主義とのあいだの密接な関係は、当時からすでに話題だったのである。

しかし、多くの人が両者の関連に気づいてはいたが、具体的にどのような因果連関があるのかは解明されていなかった。『倫理』はそこにメスを入れたのである。ヴェーバーは、新奇なことでも何でもなく、誰もが気にしているがよく分かっていない現象を、制度ではなく人間「個人」という観点から探究したのである。

資本主義の精神を問わずに資本主義を問う解釈[*7]に対して、ヴェーバーは「経済制度としての資本主義は宗教改革の産物だなどという馬鹿げた教条的テーゼを、決して主張したりしてはならない」[*8]とはっきり予防線をはっていた。

しかしその強調をよそに『倫理』はしばしば、プロテスタンティズムが資本主義を生んだという視点から読まれてきた。たしかに、ヴェーバーが『倫理』を執筆した背景には、身近にいたゾンバルトや歴史家のフォン・ベロウらによる資本主義の発生をめぐる論争があった。けれどもヴェーバーは、その議論に刺激を受けながら、「資本主義」を主語とする議論から、近代人の生き方・生活態度を問題にする「資本主義の精神」の議論へと視点を転回したのである。『倫理』を「いま読む！」ためには、その転回に目を向ける必要があるだろう。

プロテスタンティズム礼賛型

第二に、プロテスタンティズム礼賛型と呼べる「誤解」がある。この解釈は、近代世界はプロテスタンティズムが形成したとでもいわんばかりの、プロテスタンティズム中心史観にその根をもつ。

近世以降、オランダ、イギリス、アメリカと、世界経済の覇権はプロテスタント圏の諸国家が握ってきたという見方からすれば、『倫理』に「勝者の世界史」を読み取ろうとする欲求は発生するだろうが、『倫理』がその「勝者」を礼賛しているとはとても読めない。

またこの解釈は、宗教改革のような宗教上の出来事がなければ資本主義は発展しないという解釈を生み、そこから反転して、だから、たとえば日本のような資本主義が発展した社会には同様の事態（宗教倫理）があったはずだという解釈を派生させ、予定説に似た教えを掲げる宗教を探し出したり、呪術を否定する宗教を探し出したりする探究を促すことにもなる。

そこでまず、宗教改革の位置づけが問題となる。『倫理』は冒頭で、プロテスタンティズムによる教会の革命を受け入れる素質を「疾病素因」と呼び、宗教改革について「今日忘れられがちな一つの事実」を指摘する。

> 宗教改革は、生活一般に対する教会の支配を排除したのではなく、むしろ従来の支配の形態とは別の形態による支配に置きかえたことを意味する。しかも、きわめて楽な、実際には当時ではほとんど気づかれないほどの、多くの場合にほとんど形式にすぎないものだった支配を、およそ考えうるかぎり家庭生活と公的生活の全領域にわたって侵入してくる、果てしなく煩瑣でかつ生真面目な、生活態度全体の規則化へと置きかえたのだ。*9

果てしなく煩瑣で生真面目な、生活態度の規則化。それは、個々の多様な人格を顧慮せず（ohne

Ansehen der Person＝人を分け隔てすることなく）、[*10] 人びとの生き方も生活スタイルも、均質なものへと強力に再編成する。

近代の工場で働く者には、定められた作業を時間どおりに、欠けることなく実施できる質を等しくもつことが求められる。そこでは時間の厳守、作業の効率が基準である。遅刻などはもっての外である。私たちがふり返ってみても、時間内に決められた作業をする習慣は、小学校から一〇数年にわたる長い学校生活のなかでうえつけられ身体化されてきた。中学や高校でよくみられる「校則」の事細かな規定も、生活の規則化の一環である。

引用した一節では、宗教改革が、やるせないほど微に入り細に入り生活を規則化していったと述べられている。この点は、先に〈結論〉として確認した合理的生活態度の形成という問題につながっている。宗教改革を「疾病素因」と呼び、生活全体に「侵入してくる」「果てしなく煩瑣でかつ生真面目な」生活態度全体の規則化に注意を促していることからも察せられるように、ヴェーバーの宗教改革に対する社会史的位置づけ――その宗教的意義ではなく――は、決して礼賛ではない。『倫理』では、宗教改革に発する、規則化された生活（＝人生）への息苦しさに対する批判が、全編に及んでいるのである。

ルター重視型

第三の「誤解」は、ルター重視型である。ルターは、それまで民衆は読むことのできなかった聖書を日常で使用されているドイツ語で訳した。それが世界史的に偉大な業績であることは疑いない。

『倫理』がまず注目したのは、ルターが聖書を翻訳する過程であった。詳しくは後に触れるとして、要は、ルターたちの聖書翻訳をきっかけに、宗教的召命と世俗的職業とが一体化した点が問題である。

そのことの意味はとても重要なのだが、ルターないしルター派が『倫理』の議論の中核をなすわけではない。むしろヴェーバーは、ルターやルター派のもった限界をくり返し強調している。

> ルターの場合、天職概念は結局伝統主義を脱するにいたらなかった。世俗的職業なるものは神の導きとして人が甘受し、これに「順応する」べきものであって、――こうした色調のかげにかくれて、職業労働は神から与えられた使命、否むしろ使命そのものだとする彼のいま一つの思想は色あせてしまった。[*11]

さらに、次のようにも述べられる。

> ルター派はある意味で神秘家たちに比して退歩しているとさえいえる。それは、ルターにあっては――ルター派教会ではなおさらのこと――合理的職業倫理の心理的基礎が神秘家たちの場合……に比していっそう不確実なものとなっており、しかも、……ルターが禁欲的自己訓練の傾向を行為主義として危険視し、したがってルター派教会ではそうした自己訓練はますます背景に退かざるをえなかったからだ。[*12]

資本主義の精神が最初に直面した闘争相手は、それまで慣れ親しんできた生活や思考を変えることなく維持しようとする伝統主義であった。ヴェーバーは、ルターは伝統主義を脱しなかったとみて、[*13] 伝統主義を乗り越えていったカルヴィニズムの世俗内禁欲へと議論の重心を移していく。天職《ベルーフ》思想の形成におけるルターやルター派の意義を重視するあまり、ルターやルター派が「禁欲的自己訓練」を「行為主義」として危険視した点をみすごしては、〈結論〉へといたる論旨をたどることができない。むしろルターたちが危険視した、現世で積極的に活動する禁欲的な自己訓練こそが、『倫理』の主題になるのである。

平信徒軽視型

第四に、平信徒《ひらしんと》軽視型と呼べる「誤解」がある。端的にいえば、ルター個人やカルヴァン個人の思想や行動を重視して、彼ら「宗教的達人」と、その後に宗派を形成していった後継者たち、さらに一般の平信徒とを同一視してしまう理解である。とりわけ『倫理』の中核をなすカルヴィニズム論において、この混同は問題となる。ヴェーバーは次のように予防線をはっていた。

> ここで考察しようとするのはカルヴァンの個人的見解ではなくて、カルヴィニズムであり、それも一六世紀末葉および一七世紀に、この信仰が支配的影響をおよぼすとともに資本主義文化の担い手ともなっていた広い地域でそれがとるにいたった姿、そうした姿でのカルヴィ

ニズムである。[14]

ルター自身とルター派、カルヴァン自身とカルヴァン派とを区別しないと、歴史的展開と職業労働や宗教倫理の意義転換を捉えられなくなってしまう。そうすると、たとえばカルヴァンにおいて予定説は思想の中心ではなかった、といった「誤解」にもとづくヴェーバー批判が派生してしまうだろう。ヴェーバーは達人的宗教性ではなく、大衆的宗教性についてこそ考えようとしたとみるべきだろう。

一体的発展段階論型（近代化論型）

第五に、一体的発展段階論型というべき「誤解」をあげておきたい。一体的発展というのは、経済、政治、法、宗教、哲学、科学などの諸領域が一体となって一つの方向に「発展」していくという歴史過程認識を指している。しかしヴェーバーは合理化と合理主義を多元的に捉えることで、ヨーロッパの合理主義を相対化し、批判したのであった。

この諸領域の展開を一体化する思考について、ヴェーバーは次のように釘を刺していた。「歴史上、合理主義の進展は、決して個々の生活諸領域において並行して行われてきてはいない」[15]。「生活はきわめてさまざまな究極的観点のもとに、きわめてさまざまな方向に向かって合理化しうるのである」[16]と。

たとえばヴェーバーは、私法の合理化と資本主義の発展の食い違いを例にあげている。それによれば、私法をもっとも合理化し最高の形式にまで到達したのは古代ローマ法であるが、経済的にもっとも合理化したイギリスではそのローマ法の継受に失敗している。法の合理化と経済の合理化は一体的ではない。また、現世的な合理主義哲学の発展と、資本主義の発展との食い違いもあげている。

ヴェーバーはむしろ、経済や政治や法や宗教など、諸領域がそれぞれ独自な論理にもとづいてそれぞれに合理化することで相互に緊張関係がもたらされるとみて、それぞれの拮抗や妥協や協働の局面に光を当てたのであった。それは、後年の「世界宗教の経済倫理　中間考察」などで鮮明にされていく。ヴェーバーの議論は「近代化論」としてまとめられることも多いが、そのまとめ方が一体的発展段階論の一つの派生物であることはいうまでもないだろう。

以上、〈資本主義発生論型〉、〈プロテスタンティズム礼賛型〉、〈ルター重視型〉、〈平信徒軽視型〉、〈一体的発展段階論型〉という「誤解」を急ぎ足でみてきた。ヴェーバーがこれらの予防線を『倫理』に書き込んでいたことだけは確認しておきたい。

「理念」の作用という視点

先に引いた〈結論〉文の主語は合理的生活態度であった。合理的生活態度がキリスト教的禁欲を起源としている。それを『倫理』は明らかにしたのである。本書では、この〈結論〉がもつ意味を「歴史における理念の作用」という視点*17を軸に、解きほぐしていこうと思う。この視点について、ヴェーバーは次のように控え目な表現で述べているが、だからこそかえって並々ならぬ自負が感じられる。

以下の研究は、まことにささやかな部分ではあれ、「理念」というものが一般に歴史のなかでどういうふうに働くかを例証することにも、もしかしたら貢献できるかもしれない。*18

ここではとくに唯物史観的な経済決定論への批判が意識されているだろうが、本書で注目したいのは、歴史における作用といっても、誰にたいする作用を問題にするのかである。この点は、先の平信徒軽視型の問題にかかわってくる。

この引用で考慮されているのは、ある時代の理念がルターやカルヴァンなどの偉大な人物にどのような影響を与えたのかといった、一般に思想史と呼ばれる領域で論じられる問題ではない。偉人伝あるいは事典にその名が載るような著名人ではなく、社会秩序が大転換するなかで何とか生き抜こうと努める一般平信徒の生き方や生活態度の形成を、あくまで宗教的側面から問題にしたのである。

『倫理』が歴史的考察であることを考えると、その試みはかなり難しいことであることに気づく。思想家たちや宗教指導者、また王侯貴族などとは異なり、一七世紀に生きた一般信徒についての文字記録はきわめて少なく、彼らの生き方や生活態度、しかもその内面的不安ともなると、それを具体的に知る手がかりはさらに乏しいからである。

しかもヴェーバーは、理念の作用の結果だけでなく、理念が「どのように」作用したのかというメカニズムに関心を向けている。

考えてみれば、資本主義の勃興期における庶民の生き方へと目を向ける視点は、新たな激動期を生きる現代の私たちが『倫理』に不思議な[*19]リアリティを感じてしまう一つの要因なのかもしれない。

理念の複数性とその受容

ではヴェーバーがここで「理念」として想定しているのは何だろうか。参考になるのは、『倫理』と同年、同じ雑誌に同時掲載された『社会科学と社会政策にかかわる認識の「客観性」』である。そこでも「理念の歴史的な力は、社会生活の発展にとってきわめて強大であったし、いまなお強大である」[*20]と述べられていることは、あまり注目されてこなかったが、『倫理』を読むうえでも重要である。

『倫理』で真っ先に思い浮かべられるのは「天職《ベルーフ》」の理念だろう。その線で『倫理』を読むのは必要なことだ。しかし、想定される理念は一つだけだろうか。

『客観性』論文では、「理念の力」として「自由主義」「社会主義」「メソディズム」「カルヴァンの予定信仰」などが例示されている。[*21]『倫理』が掲載された同じ雑誌の別のページで、多種多様な理念が言及され、その作用を理念型を用いて分析する方法的意義が述べられているのである。ヴェーバーはこの「理念の理念型」論を踏まえ、『倫理』を一つの例証といったのではないだろうか。だとすれば、想定されている理念は「天職《ベルーフ》」だけではないと仮定して『倫理』を読むことも許されるだろう。

もう一つ重要なことは、人びとはそれらの理念を、ただ上から授けられてそのまま受け入れるのではなく、それぞれ独自な条件の下で解釈し、自分なりに理解していくという視点である。たとえば、予定説にたいして平信徒たちはどんな不安をいだいただろうか。個人の行為の動機を理解しようとするヴェーバーの理解社会学の方法は、理念の作用を考えるうえで必然的に要請される方法であったといえる。

翻って現代の私たちをみれば、その思考の枠組みとなっている「発展」も「市民社会」も、分析の対象となるだろう。ディーセント・ワークもベーシック・インカムも、全体主義、民主主義、自己責任、終身雇用、近代家族、フェイク・ニュース、シンギュラリティなど、私たちを取り巻く問題はことごとく対象となる。『倫理』はそのための「例証」という位置を与えられていたのである。

私たちを駆り立てるもの

『倫理』が、宗教的救済と経済的成功との結合に光を当てていることにも注意しておこう。それは「救われた（と自己確信し他者からも承認された）者」の強固な組織を生み出すが、同時に「救われていない（とみなされた）者」の排除を宗教的社会的に正当化してしまう。それは経済的貧しさに宗教的烙印をおし、社会から排除する態度に通じるおそれをもつものである。

このことは、何も「予定説」という特殊な教理に影響を受けた社会にだけ当てはまるのではない。いまの日本でも、正社員として定職に就いていることが「一人前」の証しとされる風潮があるが、裏返せばそれは、非正規労働者は「半人前」扱いされるということでもある。そこでは、存在そのものの価値が剥ぎ取られている。かつての平信徒たちを「駆り立てる力」は、宗教色をはぎ取ってみれば、まさに現代の社会問題を構成する基盤になっているだろう。

先に学生のブラックバイトについて簡単に触れたが、学生にいま何が不安かを尋ねてみると、大学一年生のうちから就活の不安がきわめて大きい。そこには、「卒業後はすぐ就職しないと生活できない」といった経済的理由というより、就職の成否が個人の人格的評価にすらなっていることの心理的負荷が、漠然と、しかし重くのしかかっているように思える。

もっともその負荷は、首尾よく職に就いてしまうと反転して、非正規で働く者との断絶を自己正当化する論理へと姿を変えるだろう。

ただし自己正当化しつづけるためには、絶えざる自己啓発や長時間労働、サービス残業へと「自発的」に進んでいかねばならない。非正規労働を自ら選ぶ人のなかには、そんな苛酷な状況からの避難――それは逃避というよりある種の「現世肯定」的生き方といえる――ないしは無意識の抵抗という面があるようにも思われる。

『倫理』を現代日本で「リアルに」読む少なくとも一つの道は、定職に就いて働くということと社会的に生きることとの深い結び付きの意味について、カルヴィニズム（を典型とする禁欲的プロテスタンティズム）を鏡として考えさせることであるように思われる。

凡例に代えて

本書で『プロテスタンティズムの倫理と資本主義の精神』を引用するさいは、大塚久雄訳（岩波文庫）を中心に、その他の翻訳も参考にしながら、一部訳文を変更させていただいたところがある。注に記した参照ページは大塚訳（岩波文庫）のものである。

大塚訳の他には、以下の三種を参照した。梶山力訳・安藤英治編『プロテスタンティズムの倫理と資本主義の《精神》』（一九九四年、未來社）、中山元訳『プロテスタンティズムの倫理と資本主義の精神』（二〇一〇年、日経BP社）、戸田聡訳『プロテスタンティズムの倫理と資本主義の精神』『宗教社会学論集 第一巻上』所収（二〇一九年、北海道大学出版会）。これら以外にも翻訳はあるが、今回は以上四種の訳書にお世話になった。記して感謝したい。なお、スペースの都合上、注では『倫理』と略記する。

その他の著作の引用も適宜訳文を変更させていただいた。ご寛恕を請う次第である。

引用文中も含め、傍点はすべて著者（荒川）のもので、太字ゴシック体は原著者（ヴェーバーなど）による強調箇所である。

＊1 十九世紀のイギリス領で奴隷制度が廃止され、黒人奴隷に代わってきわめて劣悪な労働条件で使役された、中国やインド出身の下層労働者を指す。以下、本書における

＊2 引用文中の亀甲括弧〔 〕は引用者の補足。マックス・ヴェーバー、「前掲『批判的寄与』にたいする批判的覚書」、一七ページ

＊3　世界第三位の経済大国である日本の社会だが、子どもの相対的貧困率は一六・三％（二〇一二年）と、「OECD加盟国三四か国中一〇番目に高く、OECD平均を上回っている」。内閣府『平成二七年版　子ども・若者白書』（https://www8.cao.go.jp/youth/whitepaper/h27honpen/pdf_index.html）（二〇二〇年二月一一日閲覧）

＊4　ヴェーバー、『プロテスタンティズムの倫理と資本主義の精神』（岩波文庫）、三六三ページ

＊5　マックス・ヴェーバー、『社会科学と社会政策にかかわる認識の「客観性」』、一六一ページ

＊6　梶山力訳・安藤英治編『プロテスタンティズムの倫理と資本主義の《精神》』（未來社）は、初版と改訂版を同時に読める。

＊7　ただし小林純のように、このヴェーバーの問題意識を踏まえたうえで、資本主義の形成へのヴェーバーの関心を読み取ることは重要なことだ。小林純、『マックス・ヴェーバー講義』、四六ページ

＊8　『倫理』、一三五ページ

＊9　『倫理』、一七―一八ページ

＊10　主語を神にすれば、「ローマ書」二章一一節の表現となる。

＊11　『倫理』、一二五ページ

＊12　『倫理』、一二五―一二六ページ

＊13　『倫理』、一一五―一二八ページ

＊14　『倫理』、一五〇ページ

＊15　『倫理』、九二―九三ページ

＊16　『倫理』、九三―九四ページ

＊17　この点を「主題」にした論稿は意外にも少ない。拙稿「歴史における理念の作用」、Schluchter, 2005, “Wie Ideen in der Geschichte wirken”など。理念や観念がいかに巨大な力を有しているか。たとえば坂口ふみは、「個」の思想を形成していった古代キリスト教の思想的ドラマをたどるさいに、「カテゴリーは、人の命をさえもてあそぶ」という認識を置いている。坂口ふみ、『〈個〉の誕生』、六ページ

＊18　『倫理』、一三四ページ

＊19　「不思議」というのは、『倫理』の議論は、現代日本と宗教状況も異なるし、「今日の資本主義」とも異なる問題が扱われているからである。

＊20　『社会科学と社会政策にかかわる認識の「客観性」』、三四ページ

＊21　『社会科学と社会政策にかかわる認識の「客観性」』、一二四―一二八ページ

第1章

「喜び」の喪失

まず本章では、現代の私たちの生活時間の使い方や、
働くことへの目的意識などについて、いくつかのデータを見ながらふり返ってみる。
そこに『倫理』の議論を少しずつ重ねていくと、
労働の無意味さを重視するという、私たちにとってはかなり特異な、
けれども考えてみると身近な労働への見方が浮かび上がってくる。
ヴェーバーが指摘した「キリスト教が無意味な労働を尊ぶ」という衝撃的な指摘は、
現代社会における私たちの職業労働を考えるとき、深く心に刺さってくる。

1 生き方への問い

氷のような手

一八九八年、ヴェーバーは、それまでの過労と不眠に加え、前年に妻とともに旅したスペインでマラリアと思われる病に感染したことなどをきっかけとして、三〇代半ばのいわば「働き盛り」に神経系に異常をきたし、職務の遂行が困難になった。

大学に休暇を願い出たヴェーバーは、病院で療養しながらそれまでの自己の生き方をふり返り、妻マリアンネ宛に次のような手紙を書き送っている。*1

こうした病気にも結構いいところがあって、たとえば私にとっては、この病気が、母がいつも私に少々足りないと言っていた生活の純粋に人間的な（menschlich）面を、これまでなかったほど開示してくれたのです。私は〔実際はそうなりませんでしたが、もしかすると〕（イプセンの）ジョン・ガブリエル・ボルクマンとともに「氷のような手が私を解放してくれた」などと言ってしまったかもしれないのです。というのも、私の病的素質は、過去何年ものあいだ、まるで護符のように——それが何のための護符かもきっと言えなかったでしょうが——学問的仕事に痙攣的に（krampfhaft）すがりつくという仕方で顕在化してきたからです。それはいまふり返ってみてはっきりとしていることですし、また自分で分かるのですが、病気であろうと健康であろうと、私はもうあんな風にはならないでしょう。仕事の重荷に打ちのめされるのを感じようという**欲求**はなくなりました。まずもって、私の「愛しい子」（＝マリアンネ）と一緒に人間的に（menschlich）生き抜きたいし、そうすることができたらとても幸せだと考えるのです。*2

ここでヴェーバーが「氷のような手」といっているのは、イプセンの戯曲『ジョン・ガブリエル・ボルクマン』のなかで、雪の降るなか家を飛び出したボルクマンが、かつて愛した女性に抱えられながらベンチで息絶える場面のセリフである。愛する女性との結婚すらも仕事のために棒にふったボルクマンにとって、「氷のような手」とは「金の手」を指していた。その氷のように冷たい手にずっと心をつかまれていたボルクマンも、死を前にしてようやく、その手から解き放たれたのであった。

ヴェーバーはここで、病気をしないまま仕事に追い立てられていたら、自分もボルクマンの臨終の言葉を発していたかもしれない、つまり職務上の業績を何よりも優先してそのまま死ぬときまで気づかなかったかもしれない、と述べているのである。

倒錯に気づくために

追い詰められると、自分の立っている場所が分からなくなるものである。ヴェーバーは療養のために職務から離れたことで、自らを見つめることができた。そして何のためかも分からないまま仕事に「痙攣的にすがりつく」病理に気づいた。それだけでなく、その病理を一人自己の問題として終わらせず、個人がひたすら職業上の業績に邁進するよう条件づけている近代という時代の問題を、把握することもできた。あるいはそのときヴェーバーはすでに、近代にたいする批判的な問題関心を自らの内に潜在させており、病によって問題を明確に自覚したとみることもできる。

いずれにせよヴェーバーにいわせれば、「時間は貨幣である」「信用は貨幣である」というフランクリンの金言は、貨幣の獲得自体を目的としており、貨幣を得た先の目的がない。それは個人の幸福の立場からすれば、倒錯した事態ではないのか。ヴェーバーはそのような地点に立って、近代人の生き方について考えたのである。

目的を見失ったまま職業に邁進し、仕事の重荷を求めてしまう。そのようなエートスをもつ点で、病に陥ったヴェーバーとボルクマンとは同様だった。それは二人を含んで現代まで拡大しつづける病理である。

それにしても「仕事の重荷に打ちのめされるのを感じようという**欲求**」は、ヴェーバーの「生」が危険水域にあったことを示唆する。ここでヴェーバーは欲求の語を強調までしている。それを「運命」とするのではなく、その「欲求」が何に駆り立てられたのか（または何に惹きつけられたのか）の社会的条件を問う余地があったことを示しているだろう。

鳴り物入りで若くして教授になったヴェーバーであるが、病を得てはじめて「社会」について根本から考える時間と精神的ゆとりができたのかもしれない。ヴェーバー自身、手紙の最後で病気の回復とその維持には「根本的には時間と休息が必要です」とも述べている。

もちろん、ヴェーバーが『倫理』でこの手紙に言及しているわけではない。むしろ一六、一七世紀の平信徒の心情を理解していくには、この手紙のことは忘れてしまった方がよいともいえる。しかし、仕事上の業績と人間的な生活との対比や、目的も分からぬまま仕事に痙攣的にすがりつくことを疑問視する意識、そして仕事の重荷を感じていたいという欲求への疑問とその解消など、この手紙で取りあげられた要素は、現代の私たちが『倫理』を読み解くうえでの大きなヒントを与えてくれるだろう。

生産力主義の視点で『倫理』を読む?

病を機として転換を果たした後のヴェーバーは、しかし、ゆったりのんびり休息するどころか、病気以前にも増して学問的にも膨大な仕事をこなし、社会的・政治的にも活動の幅を広げていった。晩年には議員候補の一角にも数えられ、第一次大戦の講和問題では政府に具体的に強力もしている。[*3]『倫理』の研究に直接つながっていくのは、病というよりも、むしろその時期に思索を深めていった学問的議論であったろう。先の手紙は一八九八年付、そこから『倫理』の発表まで六年ある。その間に、ロッシャーおよびクニースというドイツ歴史学派の重鎮にたいする批判的考察(『ロッシャーとクニース』)を発表しているし、『倫理』と同時に『社会科学および社会政策にかかわる認識の「客観性」』を発表している。

では、業績にしがみつく病理をえぐり出したヴェーバーの自己省察は、単に省察で終わったのだろうか。そうではないだろう。

『倫理』以後に発表されていく、世界規模の比較宗教社会学（『世界宗教の経済倫理』）は、キリスト教的「ヨーロッパ」の歴史的位置価を見直すものであったし、家族、経済、宗教、法、政治、支配などの諸領域にわたる比較歴史社会学的考察（『経済と社会』）も、社会的に分化した諸秩序の緊張と、そのせめぎ合いのなかで生きる個人の生き方とのダイナミズムを再考するものであった[*4]。

以上を踏まえるなら、問題は、いまヴェーバーを読む私たちの方が「業績主義」ないし「生産力主義」にどっぷり浸かっていて、その視点で――業績を上げるためにもっと勤勉になれ！　何だかんだいっても業績評価を上げるために残業は必要だ！　という視点で――『倫理』を読んでしまってはいないか、ということである。ヴェーバーは批判の対象として、引きつるほど勤勉に働く姿やそうなっていく思考パターンを豊富にあげるから、そちらに目が向いてしまわないよう注意しないと、「倒錯」の道をどんどん進んでいってしまう。

そこで、現代の私たちが埋め込まれている条件も確認しながら、『倫理』の議論に分け入っていくことにしよう。まずは、『倫理』の根本にかかわる時間の問題から考えてみたい。

2　生活時間

希望の時間割

一日のなかでどの時間を大切にしたいかと、一日の生活時間を実際どう過ごしているかとは、異なる問いである。希望に現実が届いていなければ、人びとに失望や不安が生まれ、諦念の素地がしずかに形成されていくだろう。

博報堂生活総合研究所による「増やしたい時間」についての調査（二〇一六年）によれば、一九九六年の調査以来はじめて、「睡眠時間」（五六・〇%）が「趣味にかける時間」（五五・二%）を上回って一位になった。[*5] ヴェーバーは睡眠障害を伴う病気の療養中に、時間と休息の重要性を再認識している。しかるに二一世紀の日本社会では、過半数の人びとが、自分の趣味の時間よりも睡眠時間がほしいと、回答しているのである。

この理想は、現実の裏返しでもある。五年ごとに全国の一〇歳以上を対象に行われている「NHK国民生活時間調査」によって、現実の時間の過ごされ方を確認してみよう。まず問題になるのは、ヴェーバーにとっても必要とされていた、睡眠である。

睡眠時間と働く時間

ストレスの多い社会だからこそ、いっそう睡眠は必要である。しかしNHKの調査によれば、日本の人びとの睡眠時間は、一九六〇年の調査開始以来、ずっと減少しつづけてきた。[*6] 少なくとも長期的にみていえることは、平日について、一九六〇年には（全体で）平均八時間一三分確保されていた睡眠が、二〇一五年には平均七時間一五分となり、五五年でおよそ一時間も短くなったということである。[*7]

しかもこのデータは、一〇代や八〇代以上の人びとを含んだ全体の平均値である。日中仕事をする三〇代から五〇代の有職者についてみれば、その平均の睡眠時間は全体平均よりかなり短い。*8

二〇一五年では、男女含めて睡眠時間がもっとも短いのは五〇代の女性であった。平均して、何と六時間三一分である。男性でもっとも短いのは、四〇代の六時間五〇分であった。これらも個別にみれば、もっと短い人はかなり多いだろう。こうした素朴なデータで注目すべきは、厳密な時間量ではなく、その増減の傾向や比率である。

睡眠時間が減少する一方で、着々とのびてきたのは「有職者」の仕事時間である。

同じNHKの調査によれば、二〇一五年には（その日に仕事をしなかった人も含めた）有職者の平日の平均仕事時間は、七時間二八分にまで増大した。平日の仕事時間がもっとも長いのは男性三〇代で、九時間三〇分である。平均一〇時間を超えて働く有職者も全体で四人に一人（二三％）、男性に限れば三人に一人（三三％）にのぼっている。

一九九五年から二〇年間の仕事時間の変化をみると、一日平均八〜一〇時間の人の割合は三〇％前後で、ほとんど変動していない。それにたいし、平均六〜八時間の人は七％減少し、逆に一〇時間以上働く人は六％増加している。労働の長時間化の傾向が続いていることは明らかである。*9

労働のための余暇

仕事時間の対極にあるのは、趣味や娯楽の時間であろう。先に、増やしたい時間について「睡眠時間」と「趣味にかける時間」が伯仲していることをみた。

その結果から、「趣味」の考え方が変わってきたのかどうかは不明である。しかし、仮に趣味が仕事をするための息抜き、労働力の再生産のためのものと意味づけられていた場合、趣味で体力を費やすくらいなら睡眠不足を補っておきたいと考える人は多いのではないか。じっさい、正月やゴールデンウィーク、お盆休みといった連休最終日のテレビニュースで、「いい骨休みになりました。また明日から頑張って働きます」といったコメントをする人びとの映像がみられ、趣味や休暇は労働のためという意識をマスメディアが再生産しているように思われる。

趣味や気晴らしなどの余暇の時間を労働力再生産のためと考えるこのような思考形態は、資本主義の内部に生きる者の思考であると、まずは考えることができる。

しかしヴェーバーによれば、その思考の原型には、資本主義の問題とは別に、宗教的な問題があった。禁欲的な規律ある生活態度を送ろうとするピューリタンにとって、生活の規律を乱しかねない娯楽やスポーツは忌むべき対象とされたのである。ジェームズ一世が一六一八年に出した「遊戯教書」(Book of Sports)が、反権威主義的なピューリタンの迫害を目的としていたことに触れながら、ヴェーバーは次のように述べる。

> 趣味・スポーツ[*10](Sports)は、ただ合理的な目的、すなわち身体的な作業能力にとって必要な休養に、役立つものでなければならなかった。[*11]

ピューリタンにとって、娯楽(Sports)は清貧な生き方を阻害する飲酒や賭け事と同類だった。ピューリタンの活動は、神の栄光をこの世で増し加えるためのものと意識されている。その来世指向に照らせば、忌むべきこの世の楽しみの最たるものは、遊戯やスポーツなどに夢中になって、心底楽しんでしまうことであった。

禁欲が全力をあげて反対したのは、とりわけ、〔現世の〕生活とそれがもたらす楽しさをこだわりなく享楽すること（Genießen）、この一点だった。[*12]

ピューリタンは、現世で「神の道具」として生きることを重視する。だから、神の道具という枠を破りかねない衝動的な欲求充足や人間的享楽は、排除しなければならない。享楽人は軽蔑の対象となる。スポーツ競技に我を忘れて夢中になることなどあってはならないし——それは神を忘れることである——、カード遊びに深夜までうつつを抜かした挙げ句、翌日の仕事（現世の仕事は神の栄光のための使命）に支障が出ることなどあってはならない。休日に求められるのは、神を忘れて遊ぶことではない。神の道具となって仕事を計画的に遂行するため、身体的な休息を必要とするのである。

この神のみを指向する現世的な態度は、現世を実行支配する国王にとっては疎ましいものである。国王にとってピューリタンの娯楽観との戦いは、自らを窮地に追いやる反権威主義との戦いでもあった。だからこそ、双方の立場は戦いが進むほどラディカルになっていく。[*13]

ピューリタンにおいては、趣味やスポーツは、仕事に「役立つ」べきものである。いわば労働力の再生産のための息抜きである。彼らは、生活全体を神のための職業労働に向けており、国王に向けてはいない。神の道具たるにふさわしい、選ばれたピューリタンにとっては、それこそが目指すべき境地である。その休養が役立つか役立たないかは、仕事に有益か否かで判別される。基準は職業上の業績である。

現代も、「役に立つ」かどうかを人間存在の価値基準かのごとくみなす思想が蔓延している。しかし、いったい「役に立つ」とはどういうことなのか。療養のために休職し、職場にとって「役に立たない」存在となったヴェーバーが見いだしたのは、「人間的」に生き抜くことの「幸せ」であり、「人間的」な生き方の価値であった。近代ヨーロッパにおいて変容した「人間的であること」の意味が、社会を覆う資本主義ときわめて適合的であったため、近代人はその生き方を自明なものとみなしているにすぎない、と。

趣味の時間とネット支配

連休明けのテレビ・インタビューにみられるように、このピューリタンの余暇に対する態度は、私たちにとってもお馴染みのものである。

NHKの調査では、趣味・娯楽・教養、趣味や娯楽のインターネット、外へ出かける行楽・散策、スポーツ、会話・交際について、それらに費やされる時間を尋ねている。[*14] 長期的に概観したいところだが、近年、急激な変化がみられるので、二〇〇五年以降の調査結果に絞ってみよう。平日・土曜・日曜に分けて示したグラフが図1である。[*15]

グラフをみると、すべての区分でインターネットを使う時間の伸びが際立っている。スポーツの

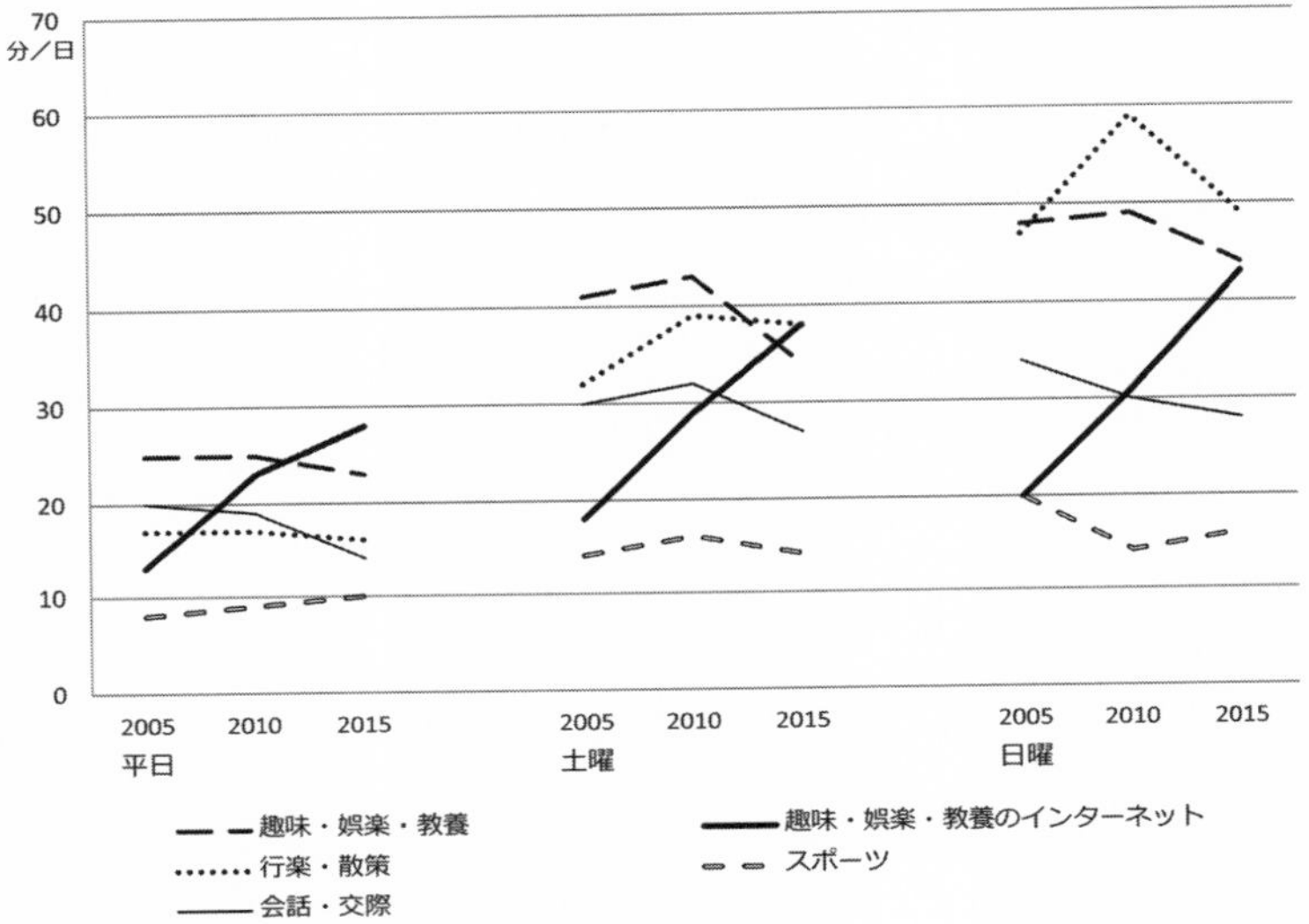

［図1］ 趣味・娯楽・教養等の時間（縦軸：分／日）

時間や会話・交際の時間の低迷も目立つ。仕事に多くの時間がさかれるなかで、ネットに接続する時間をどう確保するかが大きな関心事となっている様子がみえてくる。一日の時間のなかで仕事や睡眠の時間を削れないとすれば、ネットにつながる時間の分、それまで別の何かにあてていた時間を削らねばならないからである。

五年ごとの調査は、いまのところ二〇一五年のデータが最新である。現在二〇二〇年。この間スマートフォンは急速に日常に深く浸透した。いまではインターネットの利用時間は五年前よりはるかに長くなっているであろう。

ネットで浴びる言葉

ネット利用の急速な拡大に伴って、現代の私たちが接する文字情報が、紙媒体ではなく、ネット上のものに移り変わってきている。ネット上では、あらゆる人が容易に「書き手」になる。また、あらゆる人が写真や映像を撮り、発信元となる（小さな子どもでも）。テレビニュースも、一般人が撮影した映像を放送するようになった。とりわけ動画の与えるインパクトは絶大である。日常的にどのような情報に接し、どのような言葉を目にしたり書き込んだりするか。それは「歴史における理念の作用」を考えるうえでも重要である。

ヴェーバーは、資料の乏しい近世の平信徒たちの生活意識を知る手がかりとして、文学作品をしばしば利用する。そのさい、文学上の言葉の変化にも注目している。遊戯教書にうかがえる戦いからもピューリタンの神指向は明らかだが、それは言葉の戦略にどのように反映していっただろうか。ヴェーバーによれば、ピューリタンは神の合目的性のために、文学上からも「人間的」なものの礼賛を排除し――被造物神化の拒否――、合目的性を保護するための言葉を、次々とくり出していった。

> 無味乾燥な合目的性を断固として庇護するために、「無駄話し」、「余計なこと」、「虚しい見栄」といった概念――どれも非合理的で目標のない、したがって禁欲的でなく、そのうえ神の栄光よりは人間に奉仕する態度を表現するありとあらゆる言葉――がたちどころに用意された。*16

社会にあふれる言葉も、人びとのエートスを形づくっていく。睡眠を削って、仕事とインターネットの利用時間を増やしている現代の私たちは、知らぬあいだに、職場の言葉とネットの言葉を浴びながら、いかなるエートスを形成しているのか。二〇二〇年の調査結果を待ちたい。

睡眠、仕事、趣味の生活時間データをみる限り、現代日本社会に生きる人びとの生活は、自由な時間をもった「ゆとり」の世界からはほど遠い。労働時間の増大と睡眠時間の減少という大きな傾向は、社会全体における精神的、肉体的なゆとりの喪失につながり、不安や苛立ちを社会的に培養する土壌となるだろう。

3　働く目的――意味への問い

非合理を問う視点

仕事時間の増大は、生活時間にしめる仕事の重要性を増大させる。人間は、まったくの無意味で未来のみえない仕事の永続には耐えられない。ヴェーバーも先の手紙で、業績に打ちのめされていたいという異常な欲求の下、何のためかも分からないまま仕事にしがみついていた自分をふり返って、もうあんな風にはならないと述べていた。『倫理』は次のように述べている。

休みなく奔走することの「意味」を彼らに問いかけて、そうした奔走のために片時も自分の財産を享楽しようとしない態度は、純粋に現世的な生活目標からみればまったくの無意味ではないかと問うとき、彼らは、もし答えうるとすれば、「子や孫への配慮」だと言うこともあるだろう。しかし、**より**多くは、……**より**正確に、自分にとっては絶え間ない労働をともなう仕事が「人生に欠かせないもの」となってしまっているからなのだ、と素朴に答えるだろう。これこそ彼らの動機を説明する唯一の的確な解答であるとともに、事業のために人間が存在し、その逆ではない、というその生き方が、個人の幸福の立場からみるとまったく**非合理的**だということを明白に物語っている。*17

最後の一節は、あらゆる出来事を神の自己栄化に帰する立場についてヴェーバーが述べる「人間のために神があるのではなく、神のために人間が存在する」*18という表現とパラレルな関係にあることは明らかである。

仕事が長時間化し、しかも意味を感じられない、けれども仕事を辞めるわけにはいかない。何がしかの意味を見いだそうとしても、その問いに思いをめぐらせる時間も与えられていない。

社会で生きていくには収入が必要である。とはいえ、「個人の幸福の立場」からみれば、貨幣収入を最終目的とするのは倒錯だとヴェーバーはいう。「個人の幸福」の内容が一義的に決まるかどうかはとりあえず措くとしても、その立場は、不断の労働へと駆り立てられた生き方を「非合理的」だとする、明確な地点であろう。

他方、働くことそれ自体に意味を見いだす見解はどうか。それは「個人の幸福」という観点からも、全面的に否定し去ることはできないだろう。また、働くことで社会とつながること、社会に貢献できるという実感も喜ばしいものである。ただしそれらもまた「働きがい搾取」へと容易に転化して、長時間労働への素地になりうる。個人による積極的な意味づけが、社会構造のなかでより有利な立場によって回収されてしまうという悲惨がある。

それでも、どちらの応答も、現代の苛酷な労働環境を生き抜くための一つの現実的な納得の仕方であるに違いない。多くの人は、貨幣収入あるいは仕事それ自体の喜び、これら二つの意味づけを組み合わせ、何となく自分を納得させて、かろうじて現在を乗り切っているのではないだろうか。

「働く目的」と「やめたいこと」

データで確認しておこう。内閣府による「国民生活に関する世論調査」が「働く目的は何か」を尋ねている。[*19] 図2は、二〇〇一年から二〇一九年までの働くことについての目的意識を、男女別にグラフ化し経年変化をみたものである。[*20]

特徴は二つある。第一に、男女とも「お金を得るために」が約半数で、他を圧倒していること（しかし六割には達しない）。第二に、男女による目的の違いである。男性よりも女性の方が「生きがいをみつけるため」という意識が強い。近年の傾向としては、男性の「生きがい」派が減少気味で、「社会の一員として、務めを果たす」派に取って代わられようとしている。

概括すれば、男性の目的は「お金を得るため」と「それ以外」に二分され、女性は「お金を得るため」と「生きがいをみつけるため」と「それ以外」の三つに分かれている。その意味で、女性の方が自己の生活を多角的に意味づける回路を確保している、といえそうである。そしてそれは——

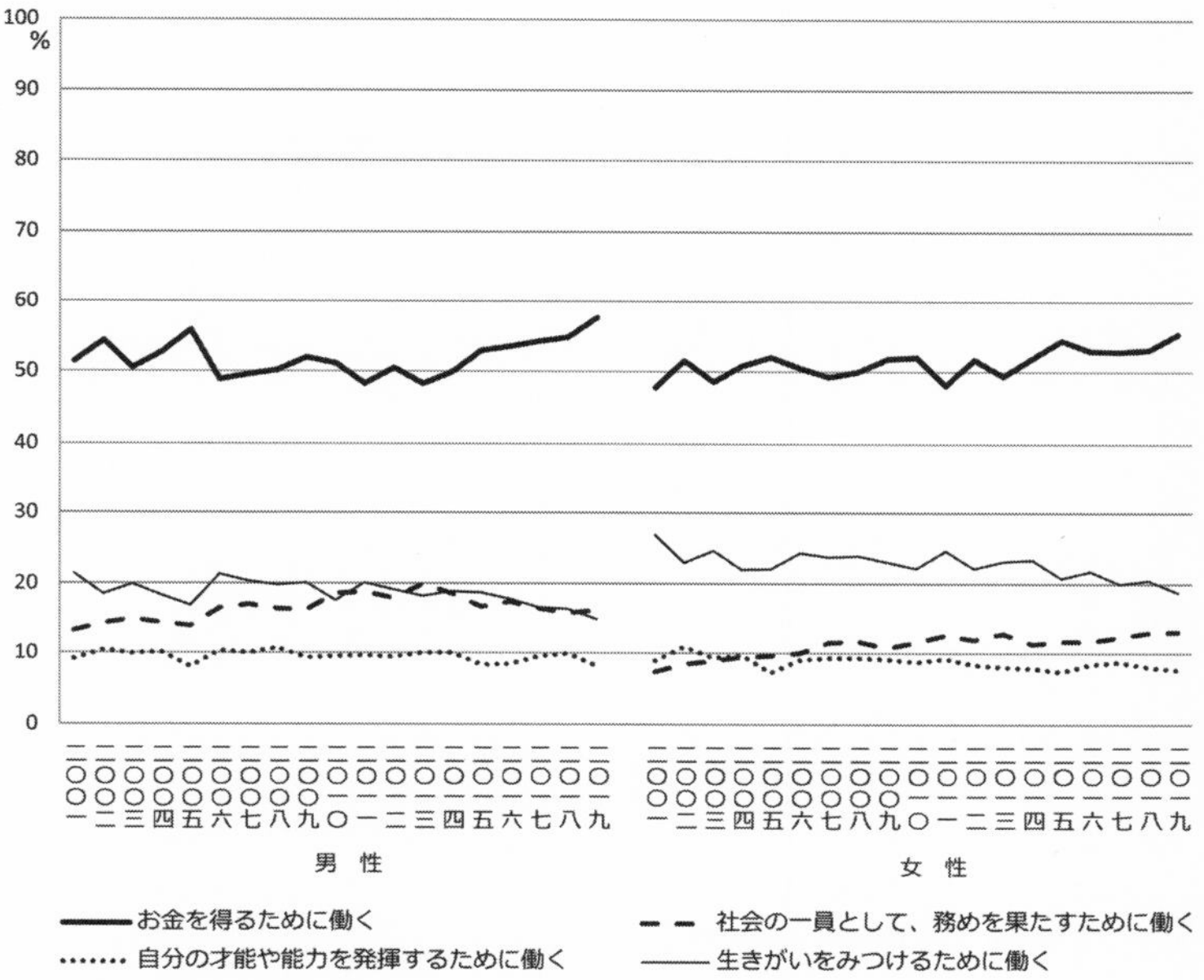

［図2］ 働く目的（経年変化・男女）

ある意味で幸いにも——女性が意味の複数性のなかに生きることができている——社会的にそう強いられてきたのであるが——ことの一つの帰結でもあるだろう。

また働く目的は、年代によっても違いをみせる。「国民生活に関する世論調査」の二〇一九年のデータをもとに、男女の世代別比較をしたグラフが図3である。*[21]

全体として、若い世代ほど「お金を得るために」働く意識が強く、齢を重ねるにつれて「生きがい」を意識するようになる傾向がある。*[22]

男性の場合、三〇代から五〇代にかけて「務めを果たすために」という意識が強い。これは、職場で相応の地位に就くことが多くなることに

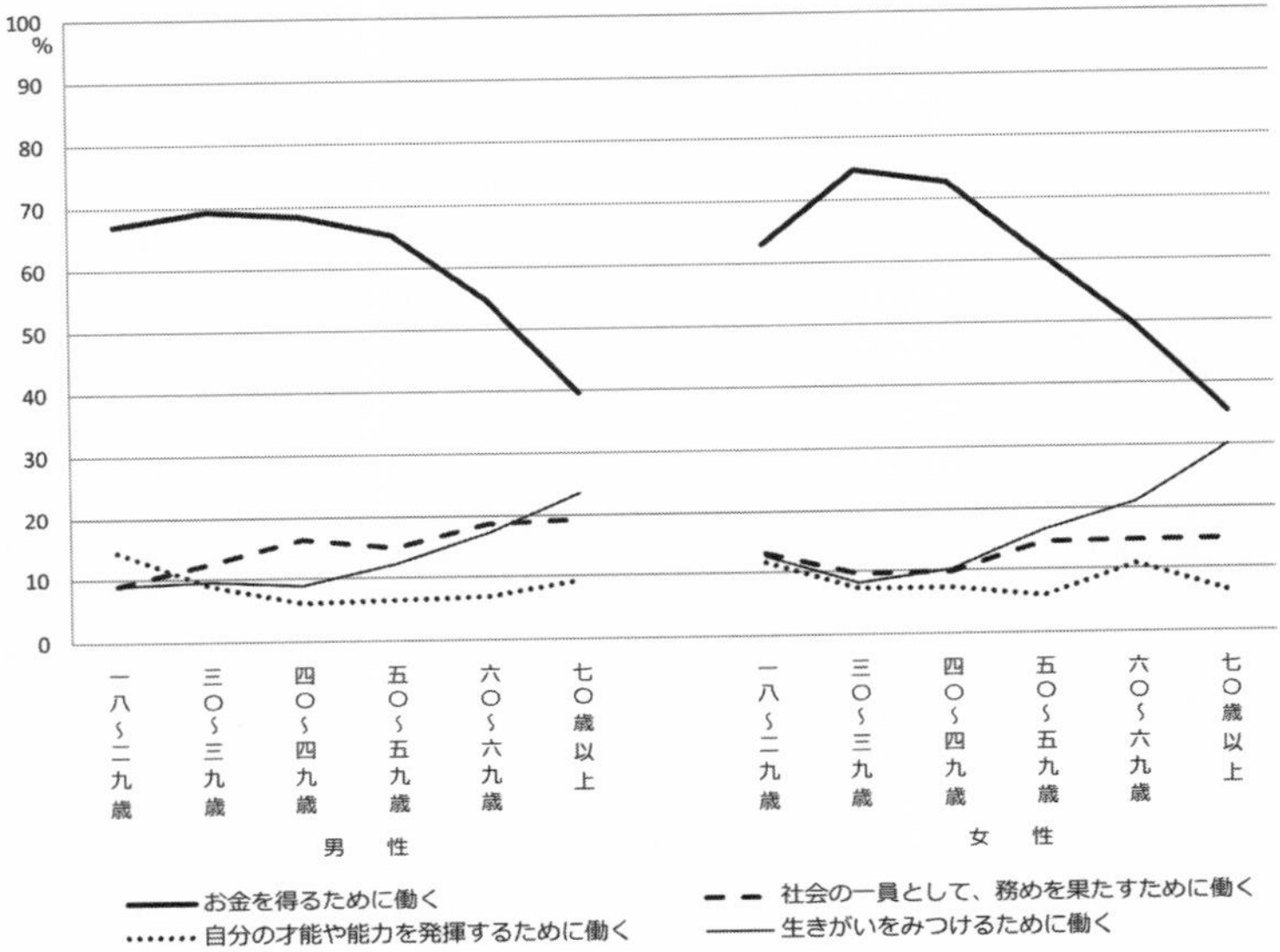

［図3］働く目的（年代別変化・男女）

加え、「一家の家計」を担う意識の現れでもあろう。それは、女性において二〇代より四〇代の方が「お金を得る」目的意識が強い傾向と通じている。家計のために働きに出る女性の意識を物語っているだろう。

また、先の博報堂の調査（二〇一七年）は「思い切ってやめたいこと」という興味深い質問をしている。「仕事・会社」と回答した人は、男性では二位、女性では一位であった（男性のやめたいこと一位は「たばこ」である）。

できれば辞めたい。しかし辞められない。今日も明日も仕事である。仕事が身体的かつ精神的に厳しいものになるほど、自己了解のためのシンプルな言葉の需要が高まってくる。しかもそれは、ただの自己満足という以上の実感を得られそうな言葉であることが望ましい。社会的に承認された言葉は、自己正当化の装置となる。

仕事への過剰な意味づけと、社会的意味づけの貧困とが、この社会に蔓延している。しかもそのような自己の生き方を外から眺め、対象化してクールダウンする時間は、いま急速に、スマートフォンやインターネットに吸い尽くされようとしている。

4 天職義務と自己統御

独特な思想としての天職

働く意味について考えるときの中心には、「労働」の概念が置かれることが多い。ところが『倫理』は、「天職（職業）」概念を中心に据えた。ここに、「労働」として概念化される事態を、人間の「生き方」の問題として捉える『倫理』の視点が現れている。

では、天職（職業）の語に注目することが、なぜそのような歴史的広がりをもつことになるのだろうか。

一つのポイントは、「天職（職業）」と訳されるドイツ語のベルーフ（Beruf）や英語のコーリング（calling）という語が、神から招かれ、その使命を受けたという宗教的な「召命」の意味と「職業」という世俗的意味との聖俗二重の意味をもつようになったことである。

この聖と俗の二重性は、ベルーフの語に最初からあったものではない。宗教改革を契機とした聖書の翻訳を経て、広く一般的な語彙として浸透したものである。現代ドイツ語でベルーフといえば、通常は、職業を指す。

ヴェーバーによれば、このベルーフという語には、奇異ともいえる一種独特な思想が反映している。『倫理』で最初にベルーフ思想を論じるに当たり、ヴェーバーはこのように述べている。

> 実をいえば、今日われわれによく知られてはいるが、本当はけっして自明ではない、例の**天職義務**《ベルーフ》という独特な思想――その活動の内容がどのようなものであるかとは関係なく、またとくに、偏見のない感覚からみて、その活動が自分の労働力の有効な活用かどうか、あるいはただ単に物的財産の（「資本」としての）有効な活用にすぎないものかどうかとも関係なく、各人は「職業上の」活動内容を義務と感じるべきであり、また事実そう感じている――この思想こそ、資本主義文化の「社会倫理」に特徴的なものであり、ある意味では資本主義文化にとって構成的な意義をもつものに他ならない。*23

ある物事が時を経て社会的に普及していくさい、当初は意識されていた意味づけが意識されなくなることがある。ヴェーバーは、「よく知られている」が「自明ではない」思想としてベルーフの思想を取りあげた。問題は、この思想の大衆的浸透と意味喪失との関係である。

引用でみたように、ベルーフ思想は、自分の活動とりわけ職業上の活動を義務とする感覚につながっている。そのさい職業の内容は問わないこと、これがベルーフ思想の出発点である。しかも、その「活動」――労働といわずに生活のすべてのふるまいが視野にある――が自己の労働力や自己の物的資産を有効利用しているにすぎないと思えたとしても、そんなことは二の次とする思想である。とにかく職業に勤しむことそれ自体が重要で、それを義務とする思想なのである。

たしかに現在、働けば賃金を得るのは当然と考えられている。しかしここで問題とされているのは、賃金を得るために働くという考えですらなく、自らの職務に忠実に励まなくてはならないという義務感である。

仕事をすべき時間に、はやくお昼ご飯にならないかとか、今度の休日に何をしようかといったことばかり考えているのでは仕事ははかどらない。仕事中に趣味の読書にふけるとか、ゲームをするなどもっての他だろう。

自己目的化

近代資本主義の職業倫理としては、勤務時間には職務に集中することが求められる。ヴェーバーが述べるように、「少なくとも労働**のあいだは**」楽をしようなどとは考えずに、「あたかも労働が絶対的な自己目的――「天職」»Beruf«――であるかのように励む一貫した心的態度《ゲジンヌング》[*24]」が必要とされている。ヴェーバーは別の箇所では、「労働を自己目的すなわち「天職」»Beruf«と考える、資本主義が要求するあの考え方[*25]」とか、「貨幣の獲得を人間に義務づけられた自己目的、すなわち天職Beruf とするあの考え方[*26]」と述べて、ベルーフ思想の特徴を説明している。

そこでくり返し指摘されるのが、自己目的という点である。自己目的的な労働は、自分の欲求を充たすことを目的として働くのとは、根本的に別の態度である。職務に励むことそれ自体を目的と考えることを、ヴェーバーが「奇妙な思想」と呼んでいることも注目に値する。ヴェーバーは決してそれを賞賛しているわけではないのだ。

それがどんな職業であれ、自分が就いている職業に勤しむことを義務とする思想は、今日ではよく知られているとヴェーバーはいう。その考え方は日常生活に深く浸透し、人びとは当然のように一生懸命働いているのだが、よく考えてみればそれは当然のこととはいえない。「単なる利潤追求の営みにすぎない」ものを義務とする考えは、歴史的にみれば特異なものである。この独特な理念につき動かされた人びとのエネルギーの行方こそが問題なのである。

生涯つづく自己コントロール

ヴェーバーは、天職の語を手がかりとして、近代資本主義の形成期に人びとの生き方を方向づけた動因、とくにその宗教的動因を探究した。見いだされたのは、働くことを含めた生活全体においてつねに神との関係を意識するよう求める、この上なく強い意味づけの要請である。

その要請は、たとえば朝起きてから夜寝るまで、いや睡眠時間までも含めて、あらゆる面での自己統制を求めてくる。それは、必死に会社の仕事をしつづけるというのとはまったく逆である。徹夜をして、次の日の仕事が何もできないというのでは元も子もない。翌日の「なすべき」仕事に支障が出ないように、きちんと睡眠を確保する必要もあるからだ。持続可能なスタイルでなくては意味がない。

それは、食事や睡眠を厳しくコントロールして試合に臨む現代のスポーツ選手のストイックな生活に似ている。スポーツ選手は、試合のときだけスポーツ選手なのではない。はるか先の試合に向けて練習のスケジュールを立て、毎日の生活を、それこそ食事から睡眠まで、計画的に調整しているのである。生活が乱れていては、勝てる試合も勝てるものではない。

しかし、スポーツには試合の区切りがあり、プロ選手なら引退という区切りがある。神との関係を念頭に現世の職務(賃労働だけではない)に勤める天職人には、それがない。死ぬまで厳しい自己コントロールを続けることが求められるのである。

天職《ベルーフ》という意味づけは、職業は神から一人一人に与えられた使命であり、それに従事することは義務であると考える、キリスト教的理念にもとづいている。それは、美味しい料理を食べるために、ほしい車を買うためにといった、人間の欲求充足のためになされるのではない。神の意志の実現のためになされるのである。人間には神の道具として働く義務がある。このような理念が広く社会的に影響を及ぼしえたのは、後にも先にも例のない、きわめて特殊な歴史的現象であった。

5 労働の「無意味さ」こそが輝く?

つくる「喜び」

天職《ベルーフ》について考える手はじめに、宗教改革の以前以後との比較に注目してみよう。ヴェーバーは、さまざまな角度からの比較を積み重ねて議論を焦点化する。比較はある視点からの比較であるから、視点を変え比較軸を変えれば、同じ事柄も別の様相をもって立ち現れる。多角的に実態を浮き彫りにするのである。

ヴェーバーは『倫理』の注のなかで、働くことにかんする近世（初期近代）の宗教的意味づけを、それとは異なる前後の時代（中世と現代）にはさむ形で――つまり前後の時代との比較において――示している。それによれば労働意欲のありかは、中世の職人世界から近世の宗教改革者たちへ、そして今日の資本主義社会へと次のように移り変わってきた。原文は一続きの文章だが、便宜上三つに分割して引用しよう。

> 中世の手工業者の「自分が創りだしたもの」にたいする「喜び」が――それによってとても多くの作業がなされるのだが――心理的な原動力としてどれくらい強かったかについては、もちろん疑うことはできる。ともかくも、そこに何ほどかの喜びがあったことは疑いない。[*27]

『倫理』でヴェーバーは、資本の増殖それ自体を目的とするような資本主義の精神を、自然な見方からすれば倒錯していると批判する。しかしこの一節を読むと、働くこと一般を否定しているわけではないことが分かる。ヴェーバーが『倫理』で労働生産物への「喜び」に言及していることは、注目してよいだろう。

もちろん、中世の職人たちが皆つねに喜びを原動力に仕事をしていたかといえば、そんなことはない。「喜び」にカッコを付けているように、ヴェーバーもそれは百も承知である。それでも、そこに何らかの喜びがありえたことを全面否定はできないだろう。

ヴェーバーは後年、『都市の類型学』で、中世都市における都市民の自由と自律のなかに、民主制への可能性や近代資本主義の萌芽を見いだしたが、すでに『倫理』において、中世の職人たちの労働の「喜び」に言及していたのである。

さてこのように中世世界の一面を抽出し、それとの対比で、近世の働くことの「喜び」を失ったプロテスタンティズムの職業労働の姿が映し出される。ヴェーバーは続けてこう述べる。

> とはいえ、いずれにせよ、禁欲はいまや労働から、こうした――今日では資本主義のせいで永久に絶滅してしまった――現世的で世俗的な魅力を**奪い取って**、魅力のありかを来世へと向けかえたのである。職業労働**そのもの**が、神の意志することとなった。今日みられる労働の非人格性、すなわち、労働の、個々人の立場からみれば喜びの少ない無意味さが、そこでは宗教的な輝きであった。[*28]

中世ヨーロッパの世界を覆っていたカトリシズムでは、聖職者たちにのみ厳格な規律訓練としての禁欲が求められていた。世俗の平信徒は、労働およびその生産物を、世俗的に捉えることが可能だったのである。

しかし、かつて聖職者にのみ求められた厳しい禁欲は、いまやプロテスタンティズムにおいて、一般の平信徒にも求められるにいたった。

その禁欲は、世俗的な「喜び」という魅力を奪い取った。魅力のありかは、来世へとふり向けられた。たかだか何十年かの人生だ、現世の喜びは短く儚いが来世の喜びは永遠である、と。

かくして信徒たちの目は、来世へと強く向けられることになった。現世における世俗的な労働が儚くも有していた魅力が消え去った。生きる喜び、夢、生活の楽しみや悲しみをも含めたさまざまな現世の彩りは脱色され、味気ないものになった。

自発的服従

しかし、そのような労働を無味乾燥で無意味と思うのは、あくまで「人間的」な立場からの印象にすぎない。むしろ、そのように現世から被造物的なものを排除することこそが望ましい。それこそが神の意志であり、敬虔な信徒の目指すべき生き方である。この宗教的理念が語る特殊な磁場に置かれた敬虔な信徒たちは、自ら進んで厳しい規律を自己に課していくだろう。ヴェーバーはさらに続けてこう述べる。

> 資本主義は、形成期には、自分の**良心**のために経済的には搾取されるがままになる労働者を必要とした。今日では、資本主義の基礎は安泰であり、来世での褒賞《プレミアム》などなくても、彼らに労働意欲を無理強いすることができる。*29

ヨーロッパの近世、およそ一六世紀から一七世紀、宗教改革の熱気に満ちたこの時代に、自分の「良心」のため懸命に禁欲に励む敬虔な信徒は、見方を変えれば、自分から「搾取されるがままになる労働者」であるとヴェーバーはいう。もちろん当人の主観において、それは神の国での永遠の命を目指す真摯な生き方の貫徹であったろう。しかし「今日では」来世での救済に相当する何がしかの魅力もないまま、人びとはそのような生き方をせざるをえない状況に埋め込まれてしまっている。

『倫理』が対象としたのは、労働に何がしかの喜びがありえた中世の職人世界ではない。褒賞などなくとも勤労を無理強いでき、労働者も自発的にそれに従う、ヴェーバー自身が生きた近代資本主義世界でもない。そうではなく、その過渡期、いまみてきた三つに分けて引用したパートの真ん中の時代である。

問題となるのは、「喜びの少ない無意味」な「職業労働」が推奨され、しかもそれこそが「宗教的な輝き」をもったという事態である。そこに生きた人びとの意味世界の掘り起こしが『倫理』の課題とされたのである。

人が中心ではなく、神が中心とされる。一人一人の個人を神の道具とみなす生き方は、現代人のいだく理念や希望とはかけ離れているように映るかもしれない。しかし、個人が中心にいない世界というのは、じつは現実的であり、いまでも珍しくはない。

たとえば神の位置に、国家や企業を入れて置きかえてみよう。個人がその道具となって人生を捧げている状況が、目の前に浮かびあがってくる。国家のために命を投げ出す、企業のために身を粉にして働く。もちろんそこに、金銭を代入することもできる。先に引いたように「事業のために人間が存在し、その逆ではない」という見解が、休みなく奔走する意味についてのより「正確」な解答だとヴェーバーは考えたのだから。

これらは、過ぎ去った遠い昔の話ではない。歴史における理念の作用を解明していく『倫理』の射程は、現代にまで届いている。

『倫理』を読むことは、一種の歴史的異文化体験である。それは、いまの私たちが揺るぎない現実だと思っている世界の意味秩序に揺さぶりをかける。そうであるなら、『倫理』の再読は、いまここで私たちがよって立つ社会的基盤をふり返るきっかけになるし、未来に向けて新たな希望を追求する力にもなるはずである。

＊1　ヴェーバーの病の経緯については、野﨑敏郎『大学人ヴェーバーの軌跡』と『ヴェーバー『職業としての学問』の研究（完全版）』（三二五－三二八ページ）が詳細に解明している。野﨑の一連の研究によって、ヴェーバーの病がマラリア感染を一契機としたこと、およびヴェーバーが教授職を退職し（てフリーランスになっ）たのではなく、「正教授」から「正嘱託教授」への配置替えを自ら希望することによって、退職に伴って発生する破格の年金報酬を辞退したことなど、多くの事実が明らかにされた。

＊2　**MWG II/3-2, S.540.** このマリアンネ宛書簡（一八九八年八月四日付）は、マリアンネ・ヴェーバー『マックス・ヴェーバー』（一八九ページ）でも引用された有名な書簡である（原本と伝記では多少表現のズレがある）。すでに半世紀前、折原浩は『倫理』でも用いられる「痙攣的」（**krampfhaft**）の語がもつヴェーバーにとっての意味

をこの書簡から解き明かし、職業に禁欲的に邁進することへの問題意識のヴェーバー自身における背景を明らかにした。折原浩、「マックス・ウェーバーと辺境革命の問題」、二九三ページ

*3 この点について、牧野雅彦『ヴェルサイユ条約』が詳述している。

*4 その考察は、個人の行為と社会秩序との相互関係を論じ、家族、経済、法、政治、宗教などの諸関係を串刺しにしたものである。その理解社会学の視座と方法については、とくに中野敏男『マックス・ウェーバーと現代・増補版』を参照。

*5 博報堂広報室、「博報堂生活総合研究所　生活者にきいた〝二〇一七年生活気分〟を発表」

*6 二〇一五年の調査ではじめて、平日、土曜、日曜のすべてで減少傾向に歯どめがかかった。前回（二〇一〇年）調査と比べて、平均で平日は一分、土曜日は五分、日曜日は四分、睡眠時間が増えた。次回二〇二〇年調査でこの傾向が続くのかどうかが注目される。NHK放送文化研究所『二〇一五年国民生活時間調査報告書』

*7 途中、調査法がわずかに変更されたため単純な比較はできないが、その減少傾向は明らかである。

*8 家事労働にかかわる時間の男女間の巨大な差は、相変わらず縮まっていない。

*9 このデータが「有職」者を対象にしている点は注意を要する。つまり賃金労働者ということであって、多くが無償労働である家事や介護などの時間は別立てになっているからである。

*10 日本語では、趣味とスポーツと娯楽とでは意味が随分異なるが、Sports の多様な意味を反映させて中黒でつないでおく。

*11 マックス・ヴェーバー、『プロテスタンティズムの倫理と資本主義の精神』、三三九ページ

*12 『倫理』、三三八ページ

*13 クエイカー派もまた、それを極端に推し進めた。『倫理』、三三八ページ

*14 ここには「教養」という項目が含まれている。仕事のための「自己啓発」、場合によっては「仕事のため」の勉強や資格取得などもここに含まれてしまうだろう。

*15 「二〇一五年国民生活時間調査報告書」のデータをもとに筆者作成。

*16 『倫理』、三三二ページ

*17 『倫理』、七九－八〇ページ

*18 『倫理』、一五二ページ

*19 働く目的と働く意味とは微妙に異なるし、「生きがいを見つけるために働く」という選択肢が、働くことを生きがいとするのではなく、生きがいを「見つけるため」と

いう点に力点があることなど、本書の視点とは差異がある。しかし、働くこと、仕事をすることの目的や理由について、多くの人びとがどのような言葉を選ぶのか、その傾向を知る手がかりにはなる。

*20 内閣府「国民生活に関する世論調査」のデータより筆者作成。質問項目は「お金を得るために働く」「社会の一員として、務めを果たすために働く」「自分の才能や能力を発揮するために働く」「生きがいをみつけるために働く」「その他」「わからない」だが、一部順序を入れ替えた。またグラフの期間中に「わからない」「その他」の二項目が「わからない」の一項目のみに変更されたため、ともに省略した。

*21 内閣府「国民生活に関する世論調査」のデータより筆者作成。

*22 もちろん、物事は一つだけの目的、一つだけの意味で遂行されるわけではない。働くにしても、趣味に興ずるにしても、付随する意味や目的はたくさんある。しかし、若い内に圧倒的な首位であった「お金を得る」という目的が、——お金が必要でなくなったわけでもない——六〇代、七〇代になると急速に魅力を失うことに注意を向けておきたい。

*23 『倫理』、五〇ページ

*24 『倫理』、六七ページ

*25 『倫理』、六八ページ

*26 『倫理』、八二―八三ページ

*27 『倫理』、三六二ページ

*28 『倫理』、三六二―三六三ページ

*29 『倫理』、三六三ページ

第2章

天職という日本語

本章では「資本主義の精神」の重要な構成要素である
「天職」の観念について様々な視点から検討する。
『倫理』の中心概念であるドイツ語のベルーフを
「天職」という日本語で訳すとき、そこに生じるねじれを確認しておこう。
日本語においてこの「天職」という語がもった意味を歴史的に検証しながら、
「天職」の語がもってきた、そして現在(新たに)もっているある種の「力」
——それは私たちが感じる職業労働への社会的圧力の一部を体現している——
を確認していく。

本章では、天職という日本語について検討してみよう。天職という語は、現代の私たちにとってどのような意味をもっているのだろうか。

大塚久雄訳の『倫理』では、ベルーフの語にたいして職業と天職の二つの訳語が絶妙に使い分けられている。しかし使い分けられたということは、『倫理』を訳すとき天職だけでは事が足りないということでもある。他の訳語を採っても同じだが、どう訳しても、一語でベルーフの意味を余すところなく表現するのは難しそうである。それゆえ、天職と訳して『倫理』を読むときに巻き込まれてしまう日本語の世界について自覚しておくことは重要だろう。

1 天職の儒家的含意

古代中国：『荀子』と『孟子』

まず気になるのは、語源である。天職という漢字二文字をみれば、もともとは天から与えられた職という意味に違いない、というおおよその察しはつく。しかし語源をたどってみると、現代の私たちがイメージするのとは異なった意味もあったようである。

天職の語の古い用例は『孟子』や『荀子』にみえ、儒家的色彩の濃い語であったと推測される。ところがその用例をみると、現代の語感から想起される「天から人に与えられた職」という意味では必ずしもなかった。

それが『荀子』の用例である。『荀子』において天職とは、人間のなすことではなく、天そのものがなす仕事を指す。それは人間の作為を超えて、自ずからそうなるものである。たとえば、なにかをしなくても完成し、四季が廻り行くように求めなくても得られる、それが天職である、と述べられる（為さずして成り求めずして得、夫れ是れを天職と謂う）[*1]。

『荀子』では、天は人格神的な存在ではなく、自然の理法であった。ここから、天の廻り行きと人（社会）とを切り離して考える「天人の分」が説かれる。そう考えると、天職とは人間の作為と関係なく進行する天の職務であるという考えも理解できる。天職とは人間に授けられた職業であるとばかり思っていると、このような荀子の語法に驚かされることになる。

しかし語源としては、『孟子』における天職の用例が重要である。こちらは、天から天子や賢人に与えられた仕事についていわれている。天と人とを分ける『荀子』と違って、天人相関説に連なる孟子の用例は馴染みやすい。たとえば次のようである。

あるとき晋の平公が賢者の亥唐の家を訪ね、出された粗末な食事を不平も言わずに食べるなど、そのいうことによく従ったが、賢者を重んじる仕方はそこまでであった。それについて孟子は、平公が亥唐を登用して、天から与えられた地位を彼とともに共有したり、天から与えられた職分（天職）をともに分担したりせず、天から与えられた俸禄を分け与えるところまでいかなかったのは残念だと述べる（与《とも》に天位を共にせざるなり、与に天職を治めざるなり、与に天禄を食《は》まざるなり）[*2]。

この用例では、天から人間に授けられた職分を天職といっている。ただし、そもそも天職は誰のものか。孟子の例では、天職とは一般庶民に授けられた職分ではなく、天子および賢人に授けられたものなのである。これは、一般の人びとが自分自身の天職は何かと思い悩まされている現代日本の用語法とは、異なるものだろう。

このように儒家的用語としての天職には、天そのものの仕事（荀子）、あるいは天子や賢人に天から与えられた仕事（孟子）という、二とおりの用法がみられる。

天そのものの仕事を指す『荀子』との違いは明らかだが、『孟子』の例も聖人君子と小人を対比している。ベルーフと比較してみると、万人祭司を説いた宗教改革的思想、「職業」に分け隔てしない思想とは異なっているだろう。『孟子』の用法はむしろ、「召命」を受けた聖職者と世俗の「職業」に就く平信徒とを区別する思想に近い。

江戸期：熊沢蕃山と松平定信

さて天職の語は、いつごろ日本語の世界に入ってきて、どのような変遷をたどったのか。その詳細は、残念ながら分からない。管見の限りで用例をみると、はるか時代を下って江戸時代初期、陽明学者の熊沢蕃山による『集義和書』（一六七六年ごろ）に、天職の語がある。

そのなかで蕃山は、礼儀正しく慈悲もあるのに子孫が衰え幸せでないのはなぜかとの問い——これはヴェーバーが問題にした神義論問題だ——に答える形で、次のように述べる。すなわち、「すくはずしてもくるしからざる者にはほどこし、下々《しもじも》の難儀《なんぎ》をば知たまはざるがごとく」しているからだ。民を恵まず、「下々の難儀」に知らんぷりを決め込むどころか、田畑を耕して為政者を養ってくれている民を苦しめる、その妻子の嘆きが「天地神明をうごかす」のだ。そうした事情を知らなかったというのなら、それは自らの天職を忘れて天の威光をないがしろにしているのであり（「知らずといはゞ、其天職をわすれ、天威をつゝしまざるなり」）、また逆に、知っていてそのような圧政をするのであれば、それは仁がないのである、と。*3

別の箇所では「人君の天職あり。人を愛するを以て心とす」と述べ、為政者（政治家）には天職が授けられると述べている。*4

このように蕃山において、天職はもっぱら為政者に向けた語である。ただし、権力の腐敗を問いただし、あるべき姿を説くさいにも天職の語が用いられている点で、現代とは異なるだろう。天譴論（天が天災を下すことで為政者を譴責するという考え方）にみられるように、天の思想は、場合によってはときの政治や為政者を戒めるためのより所となった。天をもち出すことで、権力に抵抗する正当性を主張できたのである。

しかし正当性をめぐる言辞は、権力者が用いるのに有利な場合が多い。今度は為政者による用例を取りあげよう。松平定信による『鸚鵡言《おうむのことば》』には、「天職のこと」と題した一節がある。

それによれば、天だけでは十分に民を治められないので、天は「大君を立てて」治めさせ、大君はさらに「諸侯を立てて」治めさせるのであるから、それはつまり天命であって、治める職は「天の職」であり、民は「天の民」である。その人の器や徳が「天職に堪」えられなければ職責の全うは難しく、民を虐げるなど「天職を空しく」するなら天はその人を廃し、別の人にその職を与える。だから、「天職を初めて受くる人は、必ず徳器備わる所の人なり」、と述べる。*5

定信において、天職とは天から選ばれた為政者に授けられた職分という意味であり、『孟子』とほぼ同じであるが、あきらかに権力者による自己正当化である。[*6] しかもそれは、職を代々嗣ぐべき固定的身分として正当化する、いわば家職を天職とする議論である。

こうしてみると、天人分離か天人相関かの違いはあれ、かつて天職の語は人間を超えた天と不可分のものだったことがわかる。蕃山と定信とで違いはあっても、そこにみえる江戸期の用法は、天と人とが相関する孟子の系譜を引き継いでいる。天の思想抜きで天職を語ることなど、思いもよらなかったのではなかろうか。

2 明治における意味転換

明治頃になると、天職の含意は、為政者に限定した儒家的傾向を離れ、大きく二つの方向へと分化し始める。一つは、国家に天職をみる視点である。「東西両岸の中裁人」たるを日本の天職と論じた若き内村鑑三の「日本国の天職」[*7]や、「我が日本の文明、日本の趣味、之を天下に風靡」することを日本の天職とする内藤湖南の「所謂日本の天職」[*8]が代表的である。天職の語で想定される関係が、天と人（為政者）から、天と国家へと変化したのである。

もう一つの方向は、為政者ではなく、すべての個人に天職を見出すものである。これはさらに、キリスト教的視点とより個人化された視点とに分けられる。後者は次節以降で扱うこととして、本節ではキリスト教の影響について触れていこう。

日本女子大学の創始者で、自己の目的は天職を全うすることだと日記に記した成瀬仁蔵、[*9]信仰をもって孤児救済を自らの天職と考えた石井十次、[*10]メソジストに入信しカーライルに強い影響を受けた批評家・歴史家の山路愛山、[*11]無教会主義を唱えた内村鑑三[*12]など、キリスト教の信仰をもつ人物の著述のなかに天職の語が見出せるようになる。ちなみに彼らはみな、一八六四年生まれのヴェーバーとほぼ同時代人である。

山路愛山

たとえば山路愛山は、明治二六年（一八九三）の『明治文学史』において、「彼の天職《ミッション》」と題して福澤諭吉についての辛辣な論評を書いた。[*13]ミッションとルビをふっており、明らかに儒学的な天ではなく、キリスト教的な神から与えられた使命という意味で天職の語を用いている。

愛山は、「福澤君の天職は日本の人心に實際的應用的の處世術を教ふるに在り」と述べる。江戸から明治となり、封建社会から新しい世界になったけれども、古い精神が残っている明治の初頭には福澤の議論は有用であったが、「彼れは其天職を畢へしなり」。その弟子たちは往々にして唯物的であり、生活の改良をいうのみである。しかし「人の心の奥深き所」には、それだけでは満足できないものがある。だから宗教、哲学が必要なのだが、福澤はそれを教えない。もし福澤の説教のみを聞くなら、「此世は棲息するに足らざる者也」という。

愛山は天職の語を、為政者ではなく、愛山いうところの「福澤宗」という「一党派の首領」である福澤諭吉にたいして用いている。江戸から明治への転換期に実用的な処世術を教えることが、福澤に授けられたミッション、すなわち天職であったというのである。

内村鑑三

天職概念を正面から論じた一人に、無教会主義のキリスト教を提唱した内村鑑三がいる。「日本国の天職」「如何にして我が天職を知らん乎」「日本の天職」など、その天職論は時期による違いはあるが日本という国家のなすべきことと個人のなすべきこととを訴えるものであった。雑誌『聖書之研究』に掲載した「天職発見の途」（一九一三）では、現代の議論を彷彿とさせる内容で、次のように述べる（全文）。

> 己が天職を知らんと欲する者多し、言ふ、我にして若し我が天職を知るを得ん乎、我は我が全力を注ぎて之に当たらんと。／人よ、汝は汝の天職を知るを得るなり、汝は容易に之を発見するを得べし。／汝の全力を注ぎて汝が今日従事しつゝある仕事に当たるべし、然らば遠からずして汝は汝の天職に到達するを得べし、汝の天職は天よりの声ありて汝に示されず、汝は又思考を凝《こ》らして之れを発見する能はず、汝の天職は汝が今日従事しつゝある職業に由つて汝に示さるゝなり、汝は今や汝の天職に達せんとして其の途中に在るなり、何ぞ勇気を鼓舞して進まざる、何ぞ惰想に耽《ふけ》りて天職発見の時期を遅滞《ちたい》せしむるや、智者あり、曰く凡《すべ》て汝の手に堪《たふ》ることは力を尽して之を為すべし／と（伝道之書九章十節）、此外別に天職発見の途あるなし、平々坦々たる途なりと雖も其終点は希望の邑《まち》なり、感謝と歓喜との京城《みやこ》なり。*14

自分の天職を求める者が多いというその言は、内村の周囲に集う若者たちをみての内村の実感であろう。翻って現代でも、天職を求める人は多い。ビジネス雑誌や転職サイトをはじめ、自己の天職を探すよう示唆する言説も多い。それら現代の天職言説は、しばしば転職を勧める転職斡旋業の広告やウェブサイトにみられる。内村の天職論はそれとは逆に、転職を勧めない。

内村は、天職とはいまついている職業だと言い切る。無駄な思いわずらいなどをせず――それは怠惰な想念だ――、いま自分が従事している職業に励みなさいという。いいかえれば、神秘主義的な瞑想によるのではなく、禁欲的な行動によってこそ、天職を発見できるということである。職業に貴賤を認めず、「汝の全力を注いで」「力を尽くして」励むなら、すべての人が自らの職業を天職とすることができるという思想が、ここに現れている。

ただしそこには「凡て汝の手に堪ること」という条件がある。とても堪えられない苛酷な労働、休憩もない長時間の労働、その人の体力や知力に合わない職業をも天職であるかのごとくみなし、無理矢理頑張らせるような論は、単に強欲な企業家の搾取でしかない。そのような論に内村は与しない。

山路愛山や内村鑑三にみられるように、明治期はすでに、為政者のみを対象にした儒家的な天職の語法から離れ、一般の人びとへとその対象を拡大している。そのさい、使命としての意味合いが、とりわけキリスト教信仰をもった人物の叙述にはみられた。

天職論の比較

では、『倫理』におけるベルーフの語を考えるうえで、明治期のキリスト者たちの用法は、どのような比較上の意味をもつだろう。注目すべきことが二つある。

一つは、転職の是非である。内村が「天職発見の途」で述べるように、その議論に転職への指向はない。天職は、一生をとおして一つの職に打ち込むことで獲得するものとされている。

ヴェーバーによれば、ルター派は転職には抑制的である。ルターは、もうすぐ神の国が到来し現世は根本的に転換するというパウロの終末論的なヴィジョンの影響を受け、いまの職業を変更するようなことをすべきではない、という考えに傾いていった。宗教改革期の熱気のなか、終末論的なイメージが人びとの内面を支配していたとすれば、職の変更を思いとどまるよう論す言説は人びとの心理に強く作用し、職業変更による社会移動は消極的になっていくだろう。それは、社会の現状を維持しようとする勢力にとって好ましい作用でもある。

内村が、「一生」をとおしていまの仕事に打ち込むことで天職に到達すると述べたのは、別に終末思想にもとづいていたからではない。「汝は今や汝の天職に達せんとして其の途中に在る」のだから、いまの職業に一生をとおして全力で励むべきだという。まだ道半ばだ、この先は長い、いまの道をしっかり歩め、と諭す内村の議論には、神の国がすぐそこまで来ているという切迫感は感じられない。しかし、個人に転職を思いとどまらせるという点においては、ルター派と同様の心理的作用をもち得たであろう。[*15]

逆に、職業の変更を承認し、推奨するまでにいたるのがカルヴァン主義である。そこでは、神の目的は結果によって識別されると説かれる。だから、それぞれの職に不誠実にさえならなければ兼業することは肯定されたし、よりよい結果をもたらす職業へと転職することも、問題とはされなかった。むしろ、神にいっそう喜ばれる職業、より有益な職業を選ぶべきであるとされたのである。リチャード・バクスターの論を引きながら、ヴェーバーはそう述べる。このような「職業変更の自由」をめぐるルター派とピューリタンとの違いは、身分制を打破する近代的自由の観念が形成される契機について考えるヒントとなる。

もう一つは、天職とは文字どおり職業の問題であったという点にかかわる。それはまさに、「天或いは神」が授けてくれた世俗の「職」なのである。世俗の職業を天や神からの使命とみなしてそれに励むという考えは、ベルーフやコーリングがもつ二重の意味を十分表現しているように思えるかもしれない。しかし、『倫理』でヴェーバーが取りあげた問題を現代に受けとめていくには、後一歩足りないように思われるのである。

しかし、この問題はまた後に触れることとしよう。ベルーフの語を、天から与えられた「職業」としての天職と捉えるだけでは、『倫理』を理解するうえで不十分なのではないか。ここではさし当たり、そんな疑問を提出しておく。

3 明治の文豪の現代性——鷗外と漱石

言葉の広がりと影響を知るうえで、文学作品は重要な手がかりとなる。明治・大正期を代表する小説家である、森鷗外[*16]と夏目漱石[*17]はどうであったか。二人の作品における天職の語の使用をみておこう（彼らもヴェーバーと同時代人である）。

森鷗外訳『ファウスト』

鷗外の作品「津下四郎左衛門」は、明治二年の横井小楠の暗殺にかかわった津下四郎左衛門を取りあげたものである。作中で小楠の漢詩「人君何天職」が引用されるが、この小楠の引用は小楠の言葉であって、鷗外の語法とはいえない。

本書にとって興味深いのは、鷗外がゲーテ『ファウスト』の翻訳のなかで、天職の訳語を用いていることである。

それは『ファウスト』第二部の用例である。ファウストは、攻めてきたメラネスの軍勢から愛する女神ヘレネを守るため、部下たちに指示を送っている。部下たちを鼓舞するそのファウストの檄を、鷗外は次のように訳した。

　さあ、すぐに此城壁の下から、メラネス王を海へ押し戻せ。海上をさまよひ歩いて、覘《ねら》つたり盗んだりするが好《い》い。それが王の好《すき》な業《わざ》だ、天職だ。[18]

「好な業」と訳されたドイツ語はNeigung、「天職」と訳されたのはGeschickである。参考までに相良守峯訳『ファウスト』（岩波文庫）をみると、「それが彼の性癖だった、運命だった」と訳されている。[19]

鷗外が「好な業」と訳したNeigungは、傾向や素質を意味する語である。相良訳が性癖と訳したのは自然な訳であろう。

Geschickはschicken（送る）という動詞から派生し、神から送られた運命というニュアンスを含んでいる。鷗外も天職の語に、この神とのかかわりという意味を感じ取ったのではないか。意味としては「天命」に近いだろうが、これはファウストが敵を蔑んで口にした台詞である。崇高な印象を受ける天命の語との相性は、あまりよくない。

『ファウスト』の例でみる限り、鷗外における天職の語は、為政者に向けた儒家的意味合いを脱している。また、いま就いている職業を神からの使命と思って励むべしといったニュアンスとも異なっている。それよりも、もって生まれた抗いがたい運命という意味合いが強い。[20]

運命とは、『オイディプス王』や『マクベス』にみられるように、たとえ逆らってみても結局はそこに立ち戻ってしまう、抗いがたいものである。それは、儒家的でもなく、キリスト教的でもない。現代日本語の「天職」の語法にも感じられる「運命」というニュアンスは、『ファウスト』の鷗外訳において見事に切り取られたといえる。ちなみにヴェーバーは、現代ドイツ語のベルーフにも「運命」に近い意味があると指摘している。[*21]

加えて、海上をさまよい歩くことなどをも天職と訳した鷗外の用法は、「働く」という職業労働の領域をも超えて、そう「する」こと全般へと、天職の意味を拡大している。

漱石の『草枕』と『坑夫』

夏目漱石も何度か天職の語を用いている。『草枕』では、有名な「智に働けば角が立つ。情に棹させば流される。意地を通せば窮屈だ。とかくに人の世は住みにくい」という書き出しの後に、こう述べられる。

越す事のならぬ世が住みにくければ、住みにくい所をどれほどか、寛容《くつろげ》て、束の間の命を、束の間でも住みよくせねばならぬ。こゝに詩人という天職が出來て、こゝに画家という使命が降る。[*22]

詩人や画家といった、特殊な才能を要する職業について、天職と使命とが並列して用いられている。この天職には何か天賦の才が必要とされているようで、誰もが就ける職業ではなさそうである。この世をよくする使命を帯びた職業を、天職といっている。

他方、足尾銅山をモデルにした『坑夫』では、東京から勢いだけで家出をした主人公が、たまたま出会ったポン引きに銅山で坑夫として働かないかと誘われて、こう考える。

坑夫と云へば名前の示す如く、坑の中で、日の目を見ない家業である。娑婆に居ながら、娑婆から下へ潜り込んで、暗い所で、鉱塊《あらがね》土塊《つちくれ》を相手に、浮世の聲を聞かないで済む。定めて陰氣だらう。そこが今の自分には何よりだ。世の中に人間はごて〳〵ゐるが、自分程坑夫に適したものは決してないに違ない。坑夫は自分に取つて天職である。——と茲所迄明瞭には無論考へなかつたが、只坑夫と聞いた時、何となく陰氣な心持ちがして、其の陰氣が又何となく嬉しかつた。[*23]

そしていよいよ銅山に着くと、あなたはここの労働には向かないと、親切にも銅山の飯場頭に追い返されそうになったのを、若気のいたりで坑夫にこだわり、意地を張って頼み込む。そうするうち、こう考えるようになる。「〔飯場頭の〕原さんの前で寒い奥歯を嚙みしめながら、せう事なしの押問答をしてゐるうちに、自分はどうあつても坑夫になるべき運命、否《いな》天職を帯びてる様な氣がし出した」[*24]。運命といいかけて、天職といいなおされている点も目を引く。

漱石における天職の語も、神こそ出てこないが運命として自分が就くべき職業という意味で用いられている。『草枕』における天職は、特殊な才能を要するとはいえ為政者に限定された仕事ではない。また『坑夫』では、主人公が「尤も苦しくつて、尤も下等なもの」と考えていた坑夫に天職の語があてられており、その対象は万人に開かれたといってもよいだろう。

鷗外や漱石にみえる天職の語は、キリスト教的ではないが、内村鑑三が「己が天職を知らんと欲する者多し」というときの含意と重なっている。そこで強調されているのは天でも、為政者でも、神でもなく、運命である。

4 内面へ、さらに内面へ——現代的用法

『新明解』の変化

現代で天職といえば、自分のもって生まれた性質、つまり天性に合った職のことを指すようになっている。この捉え方は、すでに鷗外や漱石にもみられた天職概念の流れにある。ここで、現代的用法を確認しておこう。

国語辞典は巷の語法の帰納的な集約であり、当代の用法を確認するのに便利である。『広辞苑』(岩波書店)は、当初から最新の第八版(二〇一八年)にいたるまで、「①天から命ぜられた職。㋐天子が国家を統治する職務。㋑神聖な職務。㋒その人の天性に最も合った職業」と語義を整理している(②は省略)。この内とりわけ㋒が、現代の日常的な用法といえるだろう。

国語辞典の語釈は、辞書によって微妙に意味合いが異なるものだが、天職の語についてみれば、多くの国語辞典で大きな違いはない。そのなかで興味深いのは『新明解国語辞典』(三省堂)である。斬新な語釈で知られる辞書だが、ここではその面白さではなく、ある時期に「天職」の語釈が変更された点に注目したい(語義は「天から授けられた仕事の意」と一貫している)。

『新明解』は第五版（一九九七年）まで、天職を「〔天から授けられた仕事の意〕〔自分の気質・能力は他の職業には向かないと考え〕その人が満足して従事している職業」と説明していた。しかし第六版（二〇〇五年）以降、「〔天から授けられた仕事の意〕自分の気質・能力にふさわしいものとして、その人が生きがいとしている職業」と改めたのである。

第五版までの、他の職には向かないからいまの職が一番いいと考える消極的・相対的視点は、今の語感からすると若干ずれているように思える。すでに漱石の『坑夫』においても、これぞ自分にぴったりの職業だという積極的意味で天職といわれていた。だが、それはともかく、「満足して従事している」と説明されていたことに注目しよう。

二〇〇五年の改訂では、その「満足」が消えたのである。「満足」に取って代わったのは「生きがい」である。天職は、他と比較して相対的に満足するという以上の、積極的な意味をもつと判断された。人生の充実、生きがいにまで格上げされたのである。

この改訂の背景は詳らかではない。辞典編者の構成が変わったことは一つの理由だろう。[*25] 少しうがち過ぎかもしれないが、一九九〇年代後半の日本社会の世相が改訂に反映されたとも考えられる。

一九九五年は、阪神淡路大震災と地下鉄サリン事件があり、NPO元年ともいわれた。またバブル経済崩壊後のこの時代は、山一証券や長銀の破綻など金融界が大混乱し、サービス業でも非正規雇用が増大した時代である。規制緩和が拡大し、フリーターの増加や、請負・派遣社員問題も盛んに論じられた。[*26] そうしたなか、人びとが労働により強い動機づけを求め「生きがい」としての仕事を天職と呼ぶようになった――と編者たち（または担当者）が感じたのかもしれない。

とはいえ、すでに内村鑑三の時代から、自分の天職を知ろうとする人は多かった。であれば、「満足」から「生きがい」への意義転換がこの時代にはじめて生じたとはいいにくい。むしろバブルの反映とその崩壊を経験した辞典編者たちの時代感覚が、人びとの生き方の変容を巧みにすくい取ったものと考えられる。いずれにせよ、天職に「生きがい」の意味を感受するのは、現代的な語感と思われる。

自己啓発

最後に、日本語の「天職」の語義変遷の最先端をいわゆる自己啓発書から瞥見しておこう。天職を論じた自己啓発書は多いが、一つの典型と思われる例を引用してみよう。それは、儒家的用法でないのはもちろんだが、内村の用法とも同一とはいいにくい。鷗外や漱石とも異なるし、『新明解』が示した「生きがい」指向とも微妙に異なっている。

〝天職〟ってどうやって見つけるの？

……（中略）……

「天職」というのは、その人の性質や能力に相応しい職業という意味ですが、それに出合う時期は、人それぞれ。なかには子どものころから、しっかり考えていて、「これこそ自分の仕事！」というものを見つけている人もいるでしょう。

でも、これから就職活動を始める人は、かつての私のように、「なにが好きなのか、わからない」「なにに向いているのか、わからない」という状態ではないでしょうか。

……（中略）……

天職には、誰もが早く巡り合いたいと思うものですが、やみくもに仕事に就いても、なかなか巡り合えません（これは、私のしくじりの教訓）。

天職を見つけるヒントは、子どものころからいままで続いているあなたの生活のなかにあります。あなたが夢中でやっていたことはなんでしょう？

本を読むこと。なにかをつくること。人のお世話をすること。自分を表現すること。自然に触れ合うこと。未知なる世界に興味をもつこと……。そんな夢中になること、興味のあることに、天職のヒントが隠されています。

そこは、「人をよろこばせることができる」ポイントにもなるからです。

……（中略）……

「天職」になっていく力のかけらは、自分の外側にあるのではなく、誰もがすでに自分の内側にもっていると、いま思うのです。[*27]

冒頭の「天職」の定義はオーソドックスである。もし、ここでの用法が現代的だと感じられるとすれば、「内面」の強調が要因だろう。それは、もちろんルターが『キリスト者の自由』で述べた「内的人間」とは異なるが、どこかスピリチュアルな雰囲気を醸し出している。

「自分の外側」ではなく「自分の内側」に「すでに」もっている、天職に「なっていく」「力のかけら」が指摘される。何かに向けて駆り立てられ、あくせく努力するのではない、そして何か超越的なものを想定するわけでもない、自分の内側に解決策を求める指向である。

ここでいわれる「すでにもっている」ものとは、神秘のヴェールに包まれた未知のパワーなどではなく、「子どものころからいままでつづいているあなたの生活のなか」にあるもの、つまり経験である。「やみくもに仕事に就く」のではなく、これまでの自分をよくふり返り、自分が人を喜ばせてうれしかったことを探すことが、天職にいたる道だとされている。

これは、学生が就職活動の初期に推奨される「自己分析」と軌を一にしている。さてどれが自分の天職なのかと問われると、確証にいたる手段はない。自分の内にはいろいろな要素があるし、自分の外にはまったく知らない職業が無数にある。それでも自分なりに、それまでの自分との接点を見つけていくなら、それが天職となっていくと導いてくれる啓発書である。

天職と主観問題

ここまで、天職という日本語の意味の変遷を概観してきた。大きくみれば、「職分」を授けられる対象が為政者から諸個人（万人）へと拡張したといえる。同時に「天」への意識が希薄となり、天職の源泉が「運命」さらには「自己」へと内面化していく傾向もうかがえる。では、天職は自己の内側で主観的に捉えるものになったのだろうか。ことはそう簡単ではない。

たとえば漱石の『坑夫』の主人公を思い起こそう。彼は、最初は坑夫の仕事をむしろ忌避していたくらいなのに、ポン引きに誘われて、就職しようと談判するうちに、次第にそれが自分の天職であるかのように思い込んでしまう。何が自分にあっているのか、自分が何をしたいのか。それは自分にしかわからないもののようでありながら、現実にはその場の状況に大きく依存してものごとが決まっていく様を、漱石は描き出すのである。

他方で、歴史的には、その職がその人の「天職」かどうかが客観的に見えるよう要請されたこともある。儒教とピューリタニズムについて、ヴェーバーは『儒教と道教』の終章で鮮明に対比している。しかし内実は異なるにせよ、天職の基準が「外部」に設定される点では、両者には共通した点がある。

まず、儒家的天職とかかわるのは災異説である。為政者の悪政は世の中の気に乱れを生じさせ、その気の乱れは天に伝わる。そうなると天は為政者に天災などを通して譴告し、それでも改善されなければ彼はその地位を下ろされる。

この考え方によれば、為政者がその地位を自らの天職だと主張しても、天が悪政を戒めているという「外的証拠」をあげて批判を正当化することができる。その人物に天の命が下っているかどうかは、「自然」という客観的指標を通じて、他者が判断できるのである。

また、「地上の生活のあらゆる利害関心よりも来世の方が重要」[*28]と考えたカルヴァン派の平信徒たちにとっても、何がベルーフかは主観のレベルで終わりはしなかった。

自分が神に召された者かどうかについて、カルヴァン自身は、救済は神によるものだから、人間は自分の救済を確信するだけで満足すべきだと考えていた。イエス・キリストを信じることができる、そのことが、恩恵による選びを示している。神から選ばれることで、信じられるようになったのだ。それ以上の証しを求めるべきではない、と。

しかしこれは、ヴェーバーの類型でいえば達人的宗教性にもとづく見解である。それにたいして大衆的宗教性の立場では、救済を主観的に信じるだけでは不安を完全に払拭しきれない。自分が救われていることを、はっきりさせたい。その心理が、主観的な信仰の保持以上の、救いの確かさについての客観的指標を求めさせた。その客観的指標こそ、ベルーフやコーリングの世俗的意味、すなわち世俗の職業での成功であった。

しかし、話を急ぎすぎたかもしれない。ベルーフやコーリングの語がかかわる救済の問題を考えていくには、それらの語のもう一方の意味である「召命」について検討する必要がある。次章では「職業」ではなく、あえて「召命」の側面から考えてみよう。

――ここまで本書は、職業と天職を明確には区別して使用してこなかった。しかし『倫理』について考えるとき、それでは何かと都合が悪い。

以下では、人びとに使命であり義務と考えられ、『倫理』でその「自己目的」的な性質を見いだされた職業召命観の表現としてのベルーフやコーリングには、ルビをつけて天職《ベルーフ》と表記することにしよう。

ルビをつけたときには、本章でみてきた日本語の天職――それも時代によって変遷してきたことをみたのだが――からは距離を置いている。それでもあえてベルーフの訳として天職の語を採るのは、コインの両面のような召命と職業を同時に視野に収めたいからである。

それにたいして、世俗的な職業を意味する場合にはただ職業と記し、宗教的な意味を強く出したい場合にはただ召命と記すことにする。

重要なのは、天職《ベルーフ》概念を、現代では希薄になった聖俗二重の意味をくみ取って積極的に解釈することである。『倫理』は、近世にこの理念に捉えられた信仰者を考察対象とするからである。私たちは、世俗的意味の方には馴染んでいる。必要なのはむしろ、疎遠な方の意味合い、すなわち召命の意味に目を向けることであろう。それを念頭に、次章では天職《ベルーフ》の問題に入っていこう。

＊1 『荀子』巻第一一、天論篇第一七、二

＊2 『孟子』巻第一〇、万章章句下、三

＊3 熊沢蕃山、『集義和書』、四八ページ

＊4 『集義和書』、三二〇ページ

＊5 松平定信、「鸚鵡の言乃葉」

＊6 もちろん、これらわずかな管見の例をもって、江戸時代の天職という語を云々することはできない。『孟子』以来の伝統に沿った意味を、為政者の仕事の意味でと限定できるかどうかは少々怪しいだろう。あくまで推測であるが、この時代には、商売や家政を取りしきる者についても天職の語をあてていてもおかしくはないと思うのである。江戸時代、武家にとどまらず経済的に成長した商家において、代々受け継がれてきた家業を「天職」として励むよう求める家訓的言説があっても不思議ではない。今後の課題である。

＊7 内村鑑三、「日本国の天職」、二九三ページ。内村は後年、日本は「精神的民族」として宗教で世界に貢献すべきとする思想に転換する。内村鑑三、「日本の天職」参照。

＊8 内藤湖南、「所謂日本の天職」、一三五ページ

＊9 一八五八年－一九一九年

＊10 一八六五年－一九一四年

＊11 一八六五年－一九一七年

＊12 一八六一年－一九三〇年

＊13 山路愛山、「明治文学史」、一九九－二〇〇ページ

＊14 内村鑑三、「天職発見の途」、一〇八ページ

＊15 内村の言説の社会的広がりを考慮すると、ルターの言説

の流布とは、素朴に比較はできない。
＊16 一八六二年－一九二二年
＊17 一八六七年－一九一六年
＊18 ゲーテ、『ファウスト（第二部）』（森林太郎訳）、五五二ページ（九四五八－九四六一行）
＊19 『ファウスト（第二部）』（相良守峯訳）、三二三ページ（九四六一行）
＊20 ドイツ語辞典（DUDEN）の Geschick の語義の最初には、Schicksal（運命）があげられている。
＊21 マックス・ヴェーバー、『プロテスタンティズムの倫理と資本主義の精神』、一〇三ページ
＊22 夏目漱石、『草枕』、五ページ
＊23 夏目漱石、『坑夫』、二四ページ
＊24 『坑夫』、九六ページ
＊25 初版から第五版までは金田一京助がいて山田忠雄が編集主幹という体制だったが、それが第六版で変わった（山田は一九九六年に死去）。「天職」の語義変更は、新たな編集体制が本格稼働化した第六版でなされたと推測される。
＊26 阿部真大、「安定からやりがいへ――『やりがい搾取』のタネは九〇年代にまかれた」を参照。
＊27 有川真由美、『働くことを考えはじめたとき読む本』、一八一－二二ページ
＊28 『倫理』、一七二ページ

第3章

理念のトリアーデ

天職《ベルーフ》思想・予定説・確証思想の三者連関

『倫理』を深く読み込んでいくためには、前章で見た天職思想に、
予定説、確証思想という2つの概念を加えた
三者の相互連関――トリアーデ――を見ることが重要だ。
天職と予定説はともに密接に関連する一体的な理念とでもいうべきものであり、
天職と予定説の両者に、自己の「救いの確かさ」を求める
確証の思想が加わってはじめて、プロテスタンティズムの倫理と
資本主義の精神をめぐる議論がダイナミックに動きだす。

1　理念の相互連関

儒教とピューリタニズム？

前章では、日本語の天職について意味の変遷をみた。自分の適性にあった天職に就くことで働くことに意味を見いだせる、それこそが幸せだ！――天職の語をもちいた現代の論法は、自己の内面に意味の源泉を求めるよう促し、より「自分にあった」仕事へと「遍歴」「巡礼」する駆動力の一片を示している。

職人気質でいまの仕事にとどまるのは、この変化の激しい時代、いずれ没落の憂き目にあうだろう。絶えざるイノベーションを求めて自己革新することが大切だ。自己啓発書はそう教える一方で、「これぞ自分の天職だ」と思える職に就いているなら、どんな苦労も苦労とは思わず幸せに働けるはずだと説く。

こうした現代日本の天職言説は、人の作為を超えた荀子や孟子の天職観念から大きく転換している。漢字に天を残しているとはいえ、明治期以後の意味変容、そして現代における「自己」の内面へのアプローチをみると、日本語の天職は、時代に応じた社会的欲求を映し出しているように思われる。

他方、ドイツ語や英語の天職《ベルーフ》の出発点は、キリスト教の思想とくに宗教改革者たちの思想に発している。儒教的な天の思想と、宗教改革の職業召命観との差は大きいが、ともに人為を超えたものという点では共通している。そこに、ベルーフを天職と訳すメリットもデメリットもある。天職《ベルーフ》に現代日本の天職に通じる要素が見え隠れすることがあるのである。

意外なことに、同じことは予定説にもいえる。『倫理』との関連で、予定説は浄土真宗の他力思想と比されることがあるが、そういうことをいいたいのではない。予定説を単体ではなく、自由意志論との関係で位置づけるなら、それは現代の問題でもあるのではないだろうか。現代日本でも政治情勢を「運命」として、あるいは景気の変動を「運命」として受け入れて堪え忍ぶ姿をよくみかけるだろう。予定説に類する考え方は、けっこう私たちの身近なところにある。

禁欲道徳と来世の思想

そうはいっても予定説の、生まれる以前からすでに来世の運命が決められているという感覚は、やはり特殊なものといえるだろう。筆者の周囲にも、天職《ベルーフ》思想には違和感をおぼえなくても、予定説には拒否反応を示す人が多い。こんな教えを信じた人がたくさんいたなんて信じられない、そんな否定的反応が少なからず返ってくる。*1 そして『倫理』の読解がそこで止まってしまう。

では、キリスト教の信仰がある人なら躓かずに読み進むのかというと、そう簡単でもない。予定説を「誤った教え」とする宗派に属している場合、信仰の立場が『倫理』の読解にとって妨げとなることがあるだろう。逆に、予定説を信奉する立場からは、今度は、予定説をもっと「正しく」理解すべきだという不満が出てくる——予定説にもヴァリエーションがあってどれが正しい予定説かは決められないのだが。

宗教理念を世俗的立場から検討するのは、難しい作業である。しかし異なる立場からの宗教社会学的考察は、ヴェーバーの時代よりもはるかにグローバル化が進む現代、ますます重要度を増している。

『倫理』は、異なる宗派や教理を取りあげて議論する。さまざまな教理が対立関係にあるし、熱心な信仰とは縁遠いところにいる『倫理』の読者——としてヴェーバーが想定した当時のドイツ教養市民層——にとって、教理を語ること自体が一つの難物なのである。

そのためヴェーバーは予定説の作用にかんする考察に入るとき、教理の検討が不可欠であるとわざわざ強調しなければならなかった。信徒の生活実践が問題であるなら、あえて小難しい教理問題に触れなくても、実践に直接かかわる資料だけを扱えばよいではないか、という疑問が生じるだろう。それにたいして、ヴェーバーは次のように回答する。

> たしかに、禁欲道徳の根っことなったさまざまに異なる教理は、激しい闘争ののち死滅してしまった。しかし、最初それらの教理に根を下ろしていたということが、後世の「非教理的な」倫理に大きな痕跡を残したというだけではなく、そのもともとの思想内容についての知識**のみ**が、禁欲道徳が当時もっとも内的な人びとを完全に支配していた**来世**についての思想といかに密接に結びついていたかを、理解させてくれる。この来世観念の圧倒的な力によらずには、当時生活実践に強烈な影響をおよぼした道徳的革新は一つとして実行にうつされることはなかったのである。*2

働くのは義務だとか、質素、倹約、正直等々の、いまでは世俗の道徳にみえるものも、もとの宗教的な思想の痕跡を残している。その宗教思想の内容を知ることで、死後の不安が、特定の教理といかにして結びついたのかを理解できるというのである。

しかも、根っことなる教理は一つではなく、「さまざまに異なる」。処世訓めいた世俗道徳が、相矛盾するものも含めてさまざまな起源をもつことは、どの世界でも同じだろう。「過ぎたるはなお及ばざるがごとし」とか「彼を知り己を知れば、百戦してあやうからず」等々の言葉――なぜかビジネス書では論語や孫子が人気――を活用する例は枚挙にいとまがない。

三つの理念の作用と一つのエートス

当時のもっとも内面的で真面目な人びとは、来世のこと、永遠の救いのことで頭がいっぱいだったとヴェーバーは考える。それは現世主義的な現代的感覚とは大きく異なるだろう。隔たりが大きいからこそ、当時「もっとも真面目な（内面的な）」人びとに威力をふるった宗教教理について知ることが必要なのだ。

影響力をもった理念として『倫理』の鍵を握るのは、天職《ベルーフ》思想と予定説、そして確証思想である。本書では、これら三つの宗教的理念が関連し合って人びとに作用した巨大なエネルギーを理解するために、その三つが一つのエートスへと束ねられていく面に注目してみたい。そのために、本章では次の三点について検討しよう。

第一に、まずは予定説である。とくに予定説の二重性を考えてみよう。天職《ベルーフ》の聖俗二重性はよく知られている。しかし、予定説の二重性は、救いをいえばその反対が遺棄だと論理的に自明に思えてしまうため、当然視されてしまうに思われる。しかし、二重性を強調することは、遺棄、排除、地獄を強調することなのである。その言説が人びとに重く響く点を見逃してはならない。この点は、次の点と関連する。

第二に、天職《ベルーフ》思想と予定説との強い結びつきをみよう。天職《ベルーフ》と予定説とはまったく別個のものなのだろうか。両者は内的に関連した教えとして把握できるのではないだろうか。そうすると、両者の相対立する性質が顕在化し、両者の連続性のなかにある緊張を伴った結合がみえてくる。その緊張をともなった聖句は、在俗の平信徒の内面につよく突き刺さったに違いない。予定説をただ予定説として理解するのではなく、天職《ベルーフ》思想と結びつけて把握することで見えてくる世界があるのではないか。

第三に、確証思想の重要性を確認しておく。確証思想の形成こそが、信徒をつき動かす不安の行き先を考えるうえで、ヴェーバーが重視したポイントであった。[*3] 不安は確かさの希求と表裏一体である。本章での検討は、後に確証思想の変容とエートス形成を考えるうえで決定的に重要な問題へとつながっていく。

これら三つの宗教的諸観念を、区別したうえで接合するのではなく、そのまま一連のものと考えてみよう。それはどのような問題を浮きあがらせてくるだろうか。

2 予定説の二重性

予定説と運命の肯定

予定説の問題は、運命と自由意志の問題である。予定説の二重性を検討する前に、卑近な例から考えてみることにしよう。

一〇年以上前の調査になるが、東京都二三区民一二〇〇人を対象にした意識調査[*4]に参加した。その調査で、「人間の人生は運命によって決められている」という意見について尋ねたところ、「そう思う」が一二・二%、「ややそう思う」が五一・一%であった。合計すると、人生が運命によって決定されるという意見に肯定的な人の割合は、六三・三%にのぼる。

「近代人」は、「自立」した個人としてイメージされてきた。しかし調査結果は、少なくとも東京都区内在住の人について、そうした人間像が人びとの感覚と合致していないことを示すものだった。[*5]運命観を左右するのは天変地異に限られない。企業人にとって会社からの命令は、少なくとも主観的には、自由にならない運命と映るに違いない。

この社会は自分の意志が通らない場だ、そう思い知らされる場になってはいないだろうか。そうだとすると、人びとは自由で創造的な意欲を失い、無気力になってしまう。だとすれば、ここに、社会をどう変えていくべきかの手がかりがある。六割にも上る運命論の肯定を、「社会的不自由」の傾向が増大している徴候として捉えておく意味は大きい。

人間は、運命と自由のはざまで揺れつづけてきた。かつてマキャヴェリは、運命に任せて無気力に傾く流れに抵抗した一人であった。イタリアが周囲の大国に狙われ、人びとが運命論による諦念へと傾くなか、次のように記した。

われわれ人間の自由な意欲は、どうしても失われてはならないものであって、かりに運命が人間の活動の半分を思いのままに裁定することができるとしても、すくなくともあとの半分か、また半分近くは、運命もわれわれの支配にまかせているとみるのが真実であろうと私は考える。*6

『君主論』終盤のこの一節で、マキャヴェリは運命の女神から人間の自由意志を奪い返し、五分五分にまで引き戻そうとする。その叙述は、政治的努力への意欲にあふれている。それでも半分は運命の力を認めるわけだが、これはむしろ、人間の力を発揮するには個人にはどうしようもない情勢を読むことも欠かせない、という教訓であろう。

宗教改革の衝撃

しかしそのマキャヴェリも、これを執筆した直後に、アルプスの向こうで大規模な宗教の刷新運動が開始されることを、想像できたであろうか。宗教改革では、秩序の大きな転換が指向されたが、その中心には超越的な神があった。それは人間の力の可能性を信じるマキャヴェリとは逆向きの流れであった。

ヴェーバーもアウグスティヌス以来の伝統に言及しているように、運命と自由意志とのあいだで揺れ動いてきたキリスト教の振り子は、摂理としての運命の方に大きく振られ、人間の自由意志を否定する議論が声を大きくしていく。

たとえばカルヴァン以前、エラスムスの穏当な『評論・自由意志について』を、ルターは『奴隷意志について』でこのうえなく激しく、罵倒と言ってもいい口調で激烈に批判した。ルターもまた、その運動の初期において、人間の自由意志を一切認めないきわめてラディカルな立場を前面に押し出したのである。予定説は、一人カルヴァンのみならず、広く宗教改革の思潮であった。

ここで問題となっていたのは、人間に善悪の判断ができるのか、救済にかんして人間の意志に自由はあるのかという点である。楽園から追放された罪人に善を選んで実行する自由意志があるのか、あるとすればどれほどあるのか。各宗派（Konfessionen）が独自の秩序を形成しはじめた時代、それが救済の問題であるだけに、妥協は困難であった。

ドストエフスキーが『カラマーゾフの兄弟』で描く大審問官は、イエスの名の下に教会が信徒たちを統治しているが、しかし（イエスのように）信徒に自由をもたらすのでは自由に耐えられない多くの信徒をかえって苦しめるという人間の現実を前に、信徒から自由を奪うことこそが教会の愛であると、復活したイエスに語りかける。自由が人びとの重荷になるなら、一同揃って何者かに跪かせる、自由を制限する体制こそが必要だという。[*7] 次兄イワンによるこの物語を聞いた弟アリョーシャが思わず「そんなのはカトリックの中のいちばんわるい部分ですよ」と叫ぶ、自由をめぐるこの難問を、宗教改革は前景に引っぱり出したのだった。

選別する思想

人間の自由を否定する教説にたいし、取りうる立場は複数ある。予定説を積極的に展開する立場（カルヴァン派）だけでなく、宗派の確立に伴って主張を穏健化させていく立場（ルター派）や、予定説の全面否定（カトリック）など、さまざまな立場から激しい論争と闘争がくり広げられた。後にみるように、バプテスト系のゼクテでは予定説の信奉者は破門に付された。一般の平信徒たちは自分が何派かすら把握できていなかったケースもある。*8

もちろん、あらゆる理念がそうであるように、予定説も個人の内面にどのような作用を及ぼすかは固定的ではない。予定説の作用も複数ありえた。

一つの可能性は、なるようになるさと開き直る、宿命論的な受容である。救われるかどうかがすでに決まっているのなら、後はただなりゆきに身を任せようという気持ちになってもおかしくはない。現代の私たちは、そう考えるのが自然だと思うだろう。だがよく考えてみたい。それで、はたして心は晴れるだろうか。どこか不安を抱えながら享楽することに、虚しさを感じることはないだろうか。

もう一つは、すでに決定された自らの救済を確かめようとする方向である。そこに天職《ベルーフ》思想と確証思想が加わってはじめて、自己の救済を強く確信するために職務に邁進する、という生き方が生じるだろう。

したがって問題は、天職《ベルーフ》にせよ予定説にせよ、特定の理念が存在する、ということではない。理念の作用を方向づけるのは、その理念がどのように受容されるかという点であり、その条件である。理念を受けとめる方向性によって、その後の生き方も変わる。いいかえれば、その後の行為の選択肢が変わる。たとえば予定説に接した後の行き先が、占いの館なのか、ギャンブル場なのか、それとも仕事場なのかは、大きな違いである。

予定説は「選び」の教説であり、選ばれた者を正当化する。キリスト教の教えの全体ではなく、この部分だけを取りあげて強調すれば——ときに言説はそのように断片のみで流布するのだが——、現世の格差が正当化されるだけでなく、救済に値する人間を選別する思想となる危険性を潜在させている。世界史上、自分が「選ばれた」人間であるとする選民思想はしばしばみられるが——この点で自分が恵まれていることを正当化する「幸福の神義論」問題は重要な意味をもつ——、隣人愛を説くキリスト教も教理の解釈次第で無縁ではありえない。

予定と選び

ヴェーバーは第二章に入ってすぐ「予定説」（Prädestinationslehre）にあまり目立たない形で言及する。[*9] しかしこの教理にはじめて内容的に言及する場面で、予定説とは別の呼称で、すなわち「**恩恵による選び**の教説」[*10]（die Lehre von der Gnadenwahl）と述べられていることは重要である。しかも「恩恵による選び」は強調までされている。

さすがに日本の読者が困るのではないかとの配慮だろう、大塚久雄訳では訳注と分かるカッコ書きで「予定説」と補足されている。したがって「予定説」と「恩恵による選びの教説」とが同一のものだという認識は、少なくとも大塚訳の『倫理』を読む限り、つまずくことなく読み通せる。

何をいまさらと思われるかもしれないが、もう少し確認しよう。予定説すなわち（直訳すると）事前決定の教説（Vorherbestimmungslehre, Prädestinationslehre）と、恩恵による選びの教説（Gnadenwahllehre）の両者は、平信徒への作用という点からみるなら、一つの教説を単に別の角度から言い直しただけなのではなく、意味あって区別された二つの教説なのである。したがって、予定説と恩恵による選びの教説とを完全にイコールで結んでしまうと、異なる二つの作用が、異なりつつ重なり合う関係がみえなくなってしまう。

では両者の違いは何だろうか。その名称から考えてみよう。

予定説というと、神が「予め」すでに人間の来世での運命を決定しているという、時間的順序を強調することになる。[*11] 信徒の立場に立てば、すでに神が決めているという順序が強調されることで、峻厳な「裁く神」が前面に出てくるだろう。それによって、逆らえない自己の運命が定められてしまっている、という意識が形成されるだろう。[*12]

それに対して、恩恵による選びというと、神の恩恵によって、ある人は救いに、ある人は滅びに選ばれるという「選び」を強調することになる。

もちろん、恩恵を強調するのか、選びを強調するのかで印象は大きく変わる。恩恵の強調は安心に通じ、選びの強調は不安に通じている。じっさい「恩恵」でなく「選び」を強調する解釈は危険視され、その解釈にたいする警告は、カトリックはもとより、カルヴァンその人から現代にいたるまでくり返されてきた。予定説について説教するときも、それが恩恵を示す喜ばしい教説なのだ、と語られた。しかしそうした警告がくり返されたということは、救いの確かさを見失って不安な平信徒には、恩恵より選びの問題の方が切実にみえてしまうという現実があったことを示唆する。

以上を整理しておこう。「予定」説と名指すと、事前に定められた運命（神の摂理）という点に意識が向けられる。それにたいし、「恩恵による選び」の教説と名指すと、神による選びへと信徒の関心が集中していくだろう。

「予定説」と「恩恵による選びの教説」は、同じ教説の異なる側面だが、この二つを一体にしてみよう。裁きの神によって決定された運命への不安と、自分には恩恵が授けられているという確信、そして自分は選ばれているのだという自尊心、この三つがつぎつぎと真面目な信徒の胸に去来するにちがいない。

3　天職《ベルーフ》思想と予定説——結合と背反

しかし、予定説（恩恵による選びの教説）は、単独で平信徒に作用したわけではない。予定説は、天職《ベルーフ》思想と内的に結合しやすいものだったと考えられる。

予定説にしても、天職《ベルーフ》思想にしても、それらの出所のおおもとは聖書である。中世末期のグーテンベルクらの印刷革命を経た近世は、何よりも書物、とりわけ聖書をはじめとする宗教書を中心としたメディア革命の時代であった。一般の平信徒が自ら聖書に接し（あるいは字の読める者に声に出して読んでもらって）、自ら解釈をするよう促されていくとき、一つ一つの言葉は予想以上に大きな力を信徒の内面に及ぼしたであろう。

しかも、黙読を禁じた（英国以外の）カトリックや英国国教会とは異なり、プロテスタントとりわけピューリタンにおいて、聖書は孤独な祈りとともに黙読され、いっそう内面への作用が増す条件があった。

そうした条件の下で、天職《ベルーフ》思想と予定説との密接な連関を考慮するなら、信徒が聖書を読むということのもつ意義が増してくる。個人が天職《ベルーフ》の語を読むとき、読者は同時に予定説についても読むことになるからである。では、天職《ベルーフ》と予定説は、どのように結びつくのか。

以下で検討するのは、天職《ベルーフ》の聖俗二重性の一面（召命）と、前節でみた予定説と恩恵による選びの教説との結合であり、背反である。

召命、職業、ふたたび召命

『倫理』を読むさいの「天職《ベルーフ》」理解の常道は、ルターの聖書翻訳の話からはじめることである。しかし予定説との関連に注目するためには、召命の語が職業の意味でも使われたという常道の理解で終わるのではなく、さらにもう一回召命へと戻して接続を確認することが重要になると思われる。そこで以下では、召命についての基礎的な確認からはじめてみたい。

たとえば旧約聖書の世界で召命といえば、アブラハムの召命[*13]やモーセの召命による出エジプト[*14]が有名だろう。旧約の預言者もみな、神に召されて預言者となった。たとえばエレミヤは、神に「母の胎から生まれる前に　わたしはあなたを聖別し　諸国民の預言者として立てた」[15]といわれて預言者となった。エレミヤは、生まれる前に聖別されていたのである。新約聖書の福音書に目を移せば、イエスによる弟子の召命の場面を読むことになる。イエスは漁師をみて「すぐに彼らをお呼びになった（rufen）[16]」。

だが何といっても、召命（クレーシス）の語をキリスト教の特殊な術語にまで高めたのはパウロであった。ヴェーバーも『倫理』で、天職《ベルーフ》の宗教的意味すなわち「神による永遠の救いへの召し(Berufung)[17]」を意味する「パウロ的」な用例として[18]、パウロ書簡すなわち「コリント書一[19]」「エフェソ書」「テサロニケ書二」「ヘブライ書」などとペテロ書簡「ペテロ書二」をあげている[20]。以下では、これら聖書の「ベルーフ」の用例を確認していこう。ベルーフを検討すると、自ずと予定説が現れてくることに注目したい。

選びと召命（一）『倫理』で引かれなかった用例

「ガラテヤ書」で、パウロは自らの「召命」（クレーシス）について、エレミヤの召命を意識しながら次のように語っている。

わたしを母の胎内にあるときから選び分け（wahl）[21]、恵みによって召し出してくださった（berufen）[22]神が、御心のままに、御子をわたしに示して、その福音を異邦人に告げ知らせるようにされたとき……。[23]

ここでパウロは、自分が生まれる前に選ばれ、恩恵によって召し出しされたと語っている。召される前に「選び」があったというこの一節のみで、予定説（恩恵による選びの教説）と召命との連関は明白だろう。そこで両者を結合する点に着目して、今度は「ローマ書」の例をみよう。パウロは次のように記している。

神はあらかじめ定められた者たちを召し出し（berufen）、召し出した（berufen）者たちを義とし、義とされた者たちに栄光をお与えになったのです。[24]

出発点は、神によってあらかじめ定められている。ここは、予定説を考えるうえできわめて重要である。「あらかじめ定められた」と予定が示され、その者を「召し出し」と述べて召命への過程を明示しているからである。

ここからも、神の「予定」および「選び」と、「召し」との連続性は明らかだろう。考えてみれば当然のことである。誰かを呼び出すには、まずその誰かを選び出す必要があるのだから。召命がなされるとき、すでにその人は選ばれているのである。アブラハムやモーセも、エレミヤたち預言者も、イエスに呼びかけられた弟子たちも、みな選ばれた存在である。

ヴェーバーは『倫理』第一章の「天職《ベルーフ》」論のなかで、ルター訳聖書がクレーシス（召し）をベルーフと訳した例をあげている。召しと予定との連続性を踏まえて読むなら、この第一章の指摘の時点で、『倫理』第二章のカルヴィニズム論の核となる「予定説」論がはじまっていると考えることもできる。

ベルーフの語に「力点をおく」と、天職《ベルーフ》の宗教的意味が顕在化するとヴェーバーはいう。[*25] そこにもう一言、召命の局面が前面に出るほど、選びの局面が前面化してくる、とつけ加えてもよいだろう。しかも選びは、あらかじめなされるものなのである。

だが、先を急がずにおこう。いまみた「ガラテヤ書」の例も「ローマ書」の例も、ギリシア語のクレーシス（召し）をベルーフと訳した例ではある。しかし、いずれのベルーフも「召命」に特化した意味である。そのためもあってか、『倫理』の有名な（長大な）天職《ベルーフ》にかんする注で例示されてはおらず、『倫理』で注目されているわけでもない。『倫理』解釈のなかで天職《ベルーフ》論と予定説とが接合されずにきたのは、そのような理由があると考えられる。

では、『倫理』でヴェーバーのあげた用例はどうなのか。ヴェーバーがあげた「コリント書一」をはじめとするベルーフの用例の多くも、「選び」と強い親和性をもっている。[*26] そのことを確認していこう。

選びと召命（二）『倫理』で引かれた用例

〈パウロ書簡〉以下、ヴェーバーがあげる用例を検討しよう。はじめは、翻訳の当初にルーフ（ruff）の語があてられ、後にBerufと改訳され現在にいたる「コリント書一」の例である。天職《ベルーフ》思想を論じるときの代表的な一節である。[*27]

兄弟たち、あなたがたが召されたときのこと（Beruf）[*28]を、思い起こしてみなさい。人間的に見て知恵のある者が多かったわけではなく、能力のある者や、家柄のよい者が多かったわけでもありません（berufen）。[*29]ところが、神は知恵ある者に恥をかかせるため、世の無学な者を選び（erwählen）、力ある者に恥をかかせるため、世の無力な者を選ばれました（erwählen）。また、神は地位のある者を無力な者とするため、世の無に等しい者、身分の卑しい者や見下げられている者を選ばれたのです（erwählen）。それは、だれ一人、神の前で誇ることがないようにするためです。[*30]

ここでも召命は、選びと親和性をもつ文脈で語られている。この引用箇所は、弱き者、卑しい者がなぜ選ばれたのかの理由が示されている。それによれば、神は、知恵ある者や力ある者、つまり現世で報いをすでに受けた者に恥をかかせるために、現世的に低き者を選んだのである。[*31]

また「エフェソ書」一章でパウロ（とされる著者）は、次のように記した。

どうか、わたしたちの主イエス・キリストの神、栄光の源である御父が、あなたがたに知恵と啓示との霊を与え、神を深く知ることができるようにし、心の目を開いてくださるように。そして、神の招き（Beruf）によってどのような希望が与えられているか、聖なる者たちの受け継ぐものがどれほど豊かな栄光に輝いているか悟らせてくださるように。*32

また「エフェソ書」四章では、選びを意識させる文脈において、召された者の使命が述べられる。ヴェーバーは（ベ）ルーフが世俗の「職業」という意味で用いられた最初の例として、一四世紀のドイツ神秘主義者タウラーの説教に言及しているが、タウラーがその説教で取りあげた聖書朗読章句こそ、この「エフェソ書」四章の冒頭であったと思われる。*33「エフェソ書」でパウロ（とされる著者）は次のように記している。

そこで、主に結ばれて囚人となっているわたしはあなたがたに勧めます。神から招かれた（berufen）のですから、その招き（Beruf）にふさわしく歩み、一切高ぶることなく、柔和で、寛容の心を持ちなさい。愛をもって互いに忍耐し、平和のきずなで結ばれて、霊による一致を保つように努めなさい。体は一つ、霊は一つです。それは、あなたがたが、一つの希望にあずかるようにと招かれている（Beruf）のと同じです。*34

救いの証しを求める平信徒たちが、この箇所を、いまついている天職《ベルーフ》にふさわしく歩めという意味で読みとっていくことは容易に想像できるだろう。

〈ペテロ書簡〉これらパウロ書簡の他に「ペテロ書二」の、召しと選びとが直結されている例もヴェーバーはあげている。

このペテロ書簡の聖句は、『倫理』の議論にとって重要な意味をもつ。召しと遊びを生活態度の問題として提示し、自己の救いの確かさおよび選びの確証にも関連させているからである。

だから、あなたがたは、力を尽くして信仰には徳を、徳には知識を、知識には自制を、自制には忍耐を、忍耐には信心を、信心には兄弟愛を、兄弟愛には愛を加えなさい。これらのものが備わり、ますます豊かになるならば、あなたがたは怠惰で実を結ばない者とはならず、わたしたちの主イエス・キリストを知るようになるでしょう。これらを備えていない者は、視力を失っています。近くのものしか見えず、以前の罪が清められたことを忘れています。だから兄弟たち、召されていること、選ばれていることを確かなものとするように、いっそう努めなさい（thut desto mehr Fleiß, euern Beruf und Erwählung vest zu machen）[*36]。これらのことを実践すれば、決して罪に陥りません。[*37]

「天職《ベルーフ》」と「選び」を「確かなもの」とするよう「いっそう努めなさい」とも読める。本章で検討してきた三つの観念の揃い踏みである。『倫理』を天職《ベルーフ》思想と予定説と確証思想の三者連関から考えるうえで、この「ペテロ書二」一章一〇節は決定的な意味をもっている。

ベルーフの問題は選びの問題でもある。この手紙で「あなたがた」と呼びかけられた読者は、召しと選びを切り離すことなく、連続したものとして受けとめただろう。

そのとき、自分が「怠惰で実を結ばない者」ではなく「主イエス・キリストを知るようになる」

者であり、忍耐や信心、隣人愛、愛を「備えていない者」ではなく、神に召され「選ばれている」者であるという自己意識が芽生えてくるに違いない。

重要なのは、召され、選ばれていることを「確かなもの」にすべく「いっそう努める」ように促されていることである。しかも、そうすれば「決して罪に陥りません」ともいわれている。これは、日々の生活実践において自己の「救いの確かさ」を自己にも他者にも示していこうとする態度になるだろう。その対極が「怠惰」という悪徳にまみれた生活である。

ここまで、「召し」という宗教的意味を強調すると「選び」の問題が浮上してくることをみてきた。「職業」を強調しても「予定説」がせり出してくることはないが、「召し」と「選び」にいいかえると、両者の結合が明瞭になる。

天職《ベルーフ》と予定説の背反的結合

召しと選びという二側面は、天職《ベルーフ》思想と予定説の結合面である。しかしその逆の側面、すなわち天職《ベルーフ》と予定説との背反面も考えておきたい。

もともと召命といえば、聖職に就くことだった。現代でも、狭い意味での召命はそのような意味である。

しかしルターの思想は、それとはある意味で対立する方向へと向かう。その聖書翻訳の過程で、聖職に限らずすべての職業が神によって召されたものだとされたからである。職業を召命と考える、いわゆる職業召命観の形成である。それは、祭司を頂点とした宗教的な身分構造を根底から覆し、神の下であらゆる職業を平等とみなすことで、現世の秩序を根本的に転換した。

このように、召命と職業を一語に一体化した天職《ベルーフ》の思想には、万人祭司主義につうじる「平等」への契機[*38]がある。

ところが、先ほど確認したように、召しは選びとつながっている。神の選びがあって、はじめて召されるからである。しかも二重予定説の「選び」は、救いに選ぶ者を限定し、特定の人間のみを救いに予定する。つまり、天職《ベルーフ》思想とは逆に、平等化の思想から乖離していく。この点は、予定説の「恩恵」を強調したとしても解消し切れない問題であろう。恩恵は特定の人にのみ授けられるという特殊恩恵の思想だからである。

天職《ベルーフ》理念は、すべての信徒の職業を神からの召命とする点で平等化の契機をもつ。予定説は、人を選別する方向に作用する。両者は密接に結合する一方で、逆向きに作用する可能性をもつのである。先ほどまで考えてきた「召し」と「選び」の結合は、素朴な融合なのではなく、緊張を内に抱えながらの結合だったのである。

ヴェーバーによれば、カルヴィニズムは（ルターの）天職《ベルーフ》思想をすんなりと受容したわけではない。なぜなら世俗の職業を天職《ベルーフ》とするルターの思想は旧約聖書外典の「シラ書」で示されたのだが、カルヴィニズムにとって旧約聖書の外典は聖典外のものとされたからだ[*39]。しかし、そこで重要な役割を果たしたのが、予定説とのかかわりで展開していった、救済の「確証」についての思想だった。

カルヴァン主義者たちは、「確証」への関心を前景に押し出していった発展の結果としてようやく、ルターの天職《ベルーフ》概念を受容し、それを鮮明に打ち出していったのだった。[40]

こうして内に葛藤を抱え込みながら、天職《ベルーフ》理念と予定説とはカルヴィニズムにおいて一体的に理解されていくことになる。

4　確証思想——三者連関の完成

作用の多元性

天職《ベルーフ》思想にしても予定説にしても、それ自体としては、さまざまな作用を及ぼす可能性があった。ある理念があれば必然的に特定の作用を及ぼすという法則論を、ヴェーバーは取らない。

> 宗教的な意味における「天職《ベルーフ》」の思想は、世俗内的な生活態度に対する帰結という点では、きわめて多様な形態をとりえた。[41]

同様に予定説についても、異なる作用の可能性に言及している。

> 予定の思想も——カルヴィニズムの合理的宗教性がもつ本来の傾向とは反対に——情感的

にまた情緒的に受けとる場合には、宿命論にもなりえた。[*42]

さらに予定説は、信徒を駆り立てる力としてありえた一つの可能性にすぎなかったともいう。

敬虔感情に禁欲的性格をもたらすこの心理的駆動力は、後述するように、[*43]それ自体としては疑いもなく種々さまざまな宗教的動機から作り出されえたのであって、カルヴィニズムの予定の教説は、さまざまな可能性のうちの一つにすぎなかった。[*44]

ある歴史的結果をもたらしうる要因は、文字どおり無数にある。近代資本主義が形成された要因も、無数にある。個々人の合理的生活態度が形成された要因も無数にある。宗教的なものに限ったとしても多様である。歴史的要素は無限に多様である。

歴史についての多元的認識に立つヴェーバーは、生活態度の合理化に寄与した宗教的要因の代表的なものとして、二重予定説を取りあげたのである。

それはまず予定説が首尾一貫した論理をもつからであるが、[*45]それだけではない。予定説そのものは、「宿命論」に向かう可能性を十分にもっていた。生活を放縦にしかねない宿命論への転落を押しとどめ、生活を立て直して規律化するには、また別の要因が必要であった。

予定説が来世への不安をかき立てたとき、不安を解消する手段が示されれば、人びとは一気にその方向に向かうだろう。大きな役割を果たしたのが、「救いの確かさ」（certitudo salutis）を求める心理状況のなかで、行為によってそれを「確証」（Bewährung）できるとする思想の形成であった。
ただし確証思想についても法則論をもち出さないよう、ヴェーバーは釘を刺している。

> 救いの確かさという問題**それ自体**は、すべてサクラメントを重んじない救済宗教——仏教であれジャイナ教であれその他であれ——にとって、文句なしに中心的な意義をもっていた。このことは誤解しないようにしてほしい。*46

この一節は、後年の加筆部分である。つまり、いったん『倫理』を発表した後の批判論争を経て、それへの応答という意味を含み、また「世界宗教の経済倫理」へと視野を広げていったヴェーバーが、確証思想があればいいというものではないと強調したのである。

このように、一つの理念だけが必然的に特定の作用を引き起こすのではなく、中心となるだろう作用以外にも目を向け、他にありえたさまざまな可能性や、さらには副次的作用をも考慮していく視点は、現代の私たちにとっても参考になる。しかもヴェーバーは、理念単体の作用ではなく、諸理念が関連し合いながら作用する場を問題にしていたのである。

現実世界には、ほんとうは他にもさまざまな生き方がある。自分が囚われている理念をつぶさに検討してみれば、別の生き方への示唆も読み取れるだろう。そうした多元的・複眼的な見方へと自らを開いていくことが大切なのである。

本書第1章でみたとおり、ヴェーバー自身が病を得て、自らの生き方をふり返りながら、そのような思いを痛切に感じ取ったに違いない。ただし、その状況から抜け出すことが容易ではないことも、ヴェーバーが身をもって経験したことであった。自分一人の気のもちようではいかんともし難い現実があることもたしかである。だからこそヴェーバーは、政治的・社会的に行動しつづけた(闘いつづけた)。

生き方についての多元的な見方を手に入れたヴェーバーが考察の対象として対峙したのは、そのような多元的解釈を許さず、排除すらしていく世界であった。

確証思想と三者連関の完成

天職《ベルーフ》思想それだけでは、人びとを特殊に規律化した生活態度へと駆り立てる巨大なエネルギーは形成しにくい。

また予定説も、それだけでは絶対に必要な条件でも十分な条件でもない。必要条件ではないというのは、クエイカーのように予定説とは異なる教理的基礎によっても、生活態度は合理化されたからである。[*47] 十分条件ではないというのは、予定信仰は他の宗教にもみられるからである。

さらに救いの確かさの問題も、他の救済宗教にみられる以上、それだけでは特徴的な心理的衝動の誘因として作用するかどうか不明である。そこに、確かさを行為によって証しできるとの「確証」思想が形成されたとき、事態は大きく展開する。歴史上希有な、世俗内禁欲への典型的な起動力が形成されていくのである。[*48]

カルヴィニズムはその発展の過程で、ある積極的なものを、すなわち世俗的天職《ベルーフ》生活のなかで**信仰を確証すること**が必要だとの思想をつけ加えた。*49

この指摘からも分かるとおり、ヴェーバーはカルヴァン以後のカルヴィニズムの発展＝変容過程に注目している。そのさいにカルヴィニズムがつぎ足して接合したものこそ、確証思想にほかならない。

ヴェーバーが、平信徒たちの内面を理解しようと試みていることに注目しておきたい。その信徒理解の基礎には、以下の時代認識がある。

というのは〔予定説の立ち入った考察が必要なわけは〕、われわれにとって第一に決定的な問題が、次の点にあるからだ。現世の生活のあらゆる利害関心よりも来世の方が重要であるばかりか、むしろさまざまな点でいっそう確実とさえ考えられていた時代において、そうした教説〔予定説〕を人びとはどんなにして**堪え忍んで**いったのだろうか。かならずや信徒の一人一人の胸には、**私は**いったい選ばれているのか、**私は**どうしたらこの選びを確かなものにできるのか、というような疑問がすぐさま生じてきて、他の一切の利害関心を背後に押しやってしまったにちがいない。*50（カッコ内は引用者補足）

立てつづけに二度も強調された「私」が注目される。自分の未来の大問題に不安が募るのは当然と思われるかもしれない。しかし現代でも、たとえば親しい人の救済（成功）を願ったりはしないだろうか。予定説は、他者による「祈願」の可能性を断ち切ったのである。救済の関心が自己へと収斂する点については、後にあらためて触れよう。

強調されたもう一つの語、「堪え忍ぶ」も気になる。ヴェーバーの目には、予定説を放棄することなく、また自暴自棄になるのでもなく、それを「堪え忍ぶ」真面目な信徒たちが浮かんでいる。彼らがどのように堪え忍ぶのかについては、カルヴァンその人と、その後継者および平信徒たちとで違いがあった。カルヴァンにとっては、「神が決定し給うのだという知識」と「真の信仰から生じるキリストへの堅忍な信」をもって満足すべきであり、[51]「確かさ」は問題とならなかった。しかし平信徒にとっては、「確か」かどうかが重大な問題であった。この落差が問題なのである。

このように、教理を理解し受容する視点の問題は、教理内容の検討だけではみえてこない。その教理を、平信徒がどう解釈したかが問われるからである。受容者の背景を踏まえてはじめて、理念が信徒に及ぼした作用について考えることができる。

当時の状況から察するに、「確かさ」への問いは、人びとの「来世への思想」の内で世俗生活を送る多くの平凡な平信徒たち（Alltagsmenschen）が、日々の生活のなかで発せざるをえなかった切実な問いであった。

彼〔カルヴァン〕の後継者たちは——ベザもすでに——とりわけ日常生活のうちにある信徒のばあいには、それとは違っていた。彼らにとっては、恩恵の地位にあることを**知る**ことができるという意味での「救いの確信」が、どうしてもこの上もなく重要なことにならざるをえず、こうして、予定説を固持したところではどこでも、「選ばれた者」に属していると知ることができるいっそう確実なメルクマールがあるかどうかという問題が、なくてはすまされぬことになっていった。[*52]

予定説解釈はカルヴァン以後、時をおかずに変容した。早くもカルヴァンの後継者のテオドール・ベザが、二重予定説をカルヴァンの考えたのとは別様のものへと変容させている。師のカルヴァンは「キリストへの堅忍な信」によって立った。しかしベザは、キリストは選ばれた者のために死んだと信じた。そうすると選ばれた者の救いは、キリストの死以前にすでに定められていることになる。この系譜が、ウィリアム・パーキンズなどその後のカルヴィニズムへと流れ込み、ピューリタン正統派の中核を構成していくことになる。[*53]

では、救われている者とそうでない者とはいかに区別されるのか。信仰の実践によって信仰を確かめなければならない。その教えの聖書的根拠は、先に引用した「ペテロ書二」一章一〇節であった。[*54]「兄弟たち、召されていること、選ばれていることを確かなものとするように、いっそう努めなさい。これらのことを実践すれば、決して罪に陥りません」[*55]。何と力強い言葉であろうか。

信仰の実践（つまり善き行い）によって救われるわけではない。すでに召されているのであり、選ばれているのである。その選びを「確かなものにする」ために「いっそう努めること」「実践すること」が必要だ。この使徒の言への言及は、来世への不安で胸がはち切れそうになっていた平信徒に、その不安を晴れやかに解消する道を示したであろう。

そしてこれ〔確証思想〕によって、宗教的に生きようとする人びとの一層広範な層に禁欲への**積極的な刺激**をあたえ、その倫理の基礎に予定説がおかれるとともに、現世を超えた世俗の外側での修道士たちの宗教的貴族主義に代わって、永遠の昔から神によって予定された聖徒たちの世俗の**内部における**宗教的貴族主義が生まれることとなった。[*56]

次章でみるように、予定説は人を孤独にする。その孤独を解消する方途として、救われていることは確かめられるという確証思想が発展をとげる。するとそこから自分だけでなく他者についても、選ばれているか否かを監視する「目」がつくり出されていくだろう。

二重予定説を基礎としたこの目は、神の視線を基礎にした「非人間的」な目である。この内的な目と外的な目の取り巻く世界では、自ら自発的に天職《ベルーフ》労働に勤しむことこそが、少なくともその社会で生き残っていくために必要な条件となるだろう。

カルヴィニズムの二重予定説の検討からはじまって、二重予定説と異なる教理を基礎とする洗礼派諸ゼクテまで、それぞれ異なる教理的基礎とその作用の検討を終えたとき、ヴェーバーは次のようにまとめている。

宗教的要求にもとづく「自然」のままの生活とは異なった、聖徒たちの特別な生活は——

これが決定的な点なのだが——もはや修道院の中という世俗の外部ではなくて、世俗とその秩序の**内部で**行われることになった。このような、来世を目指しつつ世俗の内部で行われる生活態度の合理化、これこそが禁欲的プロテスタンティズムの天職《ベルーフ》思想の作用であった。*57

この指摘は、序章で確認した『倫理』の〈結論〉とほぼ同一である。しかし見逃せないポイントがある。ここでは、ルターの天職《ベルーフ》理念ではなく、禁欲的プロテスタンティズムの天職《ベルーフ》理念と明示されているのである。

天職《ベルーフ》について考えるとき、ルターにばかりに目が向きがちである。しかし巨大な社会的作用を引き起こしていった禁欲的プロテスタンティズムにおける天職《ベルーフ》思想に目を向けるとき、それが選びの思想および確証思想と一続きのものであることがみえてくる。ベルーフ思想といえばルター、という図式をあらためなくてはいけない。

では、これら三者が一つへと連結した希有な事態は、人間をどのような存在へと再生させていっただろう。毛利の三本の矢ではないが、ベルーフ思想だけでなく、予定説だけでもなく、確証思想も含めて果たされた三者連関は、その後の世界史を変えていくほどの力を宿した。

次章から、予定説および確証思想のなかでその結合がもたらした強力な作用について考えてみたい。だがその前に一点だけ確認しておきたいことがある。

5　理念は自由に解釈される

理念の作用を考える

理念の作用を考えるとき、人びとがその理念をどう受容したかは重要である。たとえば現代日本語の「天職」も、時代によって意味を変えてきた。現代人は、この多義的な概念を現代風に、そして何より自分に合わせて摂取して、自己を鼓舞したり、「天職探し」に陥ってかえって不安になったりしている。

ヴェーバーが『倫理』でみせてくれたのは、世俗の平信徒たちが「ベルーフ」という宗教的理念に接し、それを自分たちなりに摂取していった過程の解明であった。[*58] 何らかの支配層がいて、彼らが一般大衆に特定の理念を教条的に押しつけるのでは、その支配効果は限定的だろう。ヴェーバーは後の支配論で、支配される側の正当性信仰に着目した。支配される側が支配の論理に正当性を認めること、すなわち正当性の根拠に納得し、主体的にその支配を支持していく構造への視点は、すでに『倫理』に原型があったといえる。

だからこそ、『倫理』の議論には教理の検討が必要だった。「宗教的信仰および宗教生活の実践をとおして生み出された、生き方に方向を示しそこに個々人を堅固につなぎとめるような心理的衝動を探究する」[*59] ためには教理の検討が必要なのだとヴェーバーが述べたとき、問題にされたのは、教理そのものではない。教理を信徒がどう受けとめたかが問題であった、すなわち、教会からみて正統な解釈かどうかは別として、教理を信徒が摂取していく過程で生じた特殊な「衝動」が問題であったのである。

この衝動は、かつては大いに宗教的信仰の諸観念の特性からも生じたのだった[*60]。当時の人[*61]は一見すると抽象的にみえる教理についてしきりに思い悩んだのであるが、われわれは教理と実践的・宗教的関心との関連を洞察したときにはじめてそのことを理解するのである[*62]。

現代人には「一見すると抽象的にみえる」教理だとヴェーバーはいう。しかしその宗教理念は、抽象から発しているのではなく、むしろ日々の「宗教生活の実践をとおして」、具体的な日々の生活のなかから生み出されたものなのである。

しかし、まさにその現実生活のなかで、事態は反転していく。人びとの生活実践から生まれたその理念によって、今度は生活の方がつき動かされていくのである。そうであるなら、真面目な人が「しきりに思い悩んだ」宗教的諸観念は、まぎれもなく現実的な力となって、当時の人の内面と実践にともに作用したということになる。

では、その作用とはいかなるものであったか。

次章では、受け入れるにせよ否定するにせよ、いずれにせよ「触れないですますことはできない」教理としての、恩恵による選びの教説、予定説の作用を検討していこう。

＊1 現代も信仰されている生きた教理であるのだが。

＊2 マックス・ヴェーバー、『プロテスタンティズムの倫理と資本主義の精神』、一四〇ページ

＊3 確証の思想がなくては、予定説のおよぼす作用はまた違ったもの――「もう決まっている運命ならどうとでもなるさ」という放蕩――になっただろう。予定説とは異なる教理的基礎から、やはり合理的生活態度が形成されていくのは、確証思想によるのである。

＊4 調査は、二〇〇六年一月実施、住民基本台帳からの二段無作為抽出、回収率六〇・三%であった。詳細は、竹内郁郎・宇都宮京子編、『呪術意識と現代社会』を参照。

＊5 もちろん、巨大な天災に襲われた直後の調査であれば、自由意志の肯定意見はさらに後退し、運命の力をいっそう肯定する傾向が現れるだろうことが予想される。

＊6 マキャヴェリ、『君主論』、一三七ページ

＊7 ドストエフスキー、『カラマーゾフの兄弟』。これはエーリヒ・フロムが『自由からの逃走』で論じた問題でもある。

＊8 ジャン・ドリュモー、『罪と恐れ』を参照。

＊9 『倫理』、一三九ページ

＊10 『倫理』、一四四ページ

＊11 神の予定を堕罪以前とするか以後とするかで立場の違いがあり、「ドルトレヒト信仰告白」では「堕罪前」予定説を採るが、こうした予定説の詳細にはいまは触れないでおく。

＊12 それが運命論に堕さないのは、確証思想が介入してくるからだが、現実問題として、宗教戦争の時代つまり信仰の立場をめぐって激しく争っている状況で、神に見放されたような自堕落な生活をすることが、不都合な事態を招くだろうことも容易に予想される。

＊13 「創世記」一二章一節。以下、聖書からの引用は、新共同訳による（異なる場合はその都度注記する）。

＊14 「出エジプト記」三章一〇節

＊15 「エレミヤ書」一章五節

＊16 「マルコによる福音書」一章二〇節。Lutherbible, 1545年版: **ruffen**, 1830年版: **rufen**.（以下、各種ルター訳の年号と用例のみ記す。）

＊17 『倫理』、一〇二ページ

＊18 二つ目が、世俗的な労働、とりわけ労苦や苦役を意味する（ギリシャ語の）エルゴンとポノスである。

＊19 ヴェーバーがあげた「コリント書I」の第一章第二六節のクレーシスの、ルター訳聖書での訳語は、一五二二年の初版からルター生前の最終版まで、**Beruf**ではなく**ruff**であった（ルター没後に**Beruf**と改訳されて現在にいたる。一八三〇年版ルター訳、二〇一七年版ルター訳も**Beruf**である）。すでに戦前、沢崎堅造はヴァイマール版

ルター全集に依拠してこのことを指摘している。沢崎堅造、「ルーテルの『職業』について」、六七二ページ

*20 『倫理』、一〇二ページ

*21 Lutherbible, 1830: wahl

*22 Lutherbible, 1545: beruffen, 1830: berufen

*23 「ガラテヤ書」一章一五節―一六節。あきらかに「召命」の意味で、職業の意味はない。『倫理』でもこの用例はあげられていない。

*24 「ローマ書」八章三〇節。これも『倫理』の用例ではない。

*25 『倫理』、九五ページ

*26 ここでドイツ語でBerufと訳されたギリシア語のクレーシスは、ヴェーバーによれば、召命（Berufung）という「純粋に宗教的な概念」であって、「今日の意味における世俗的な『職業（Berufen）』とは、いささかの関係もない」。『倫理』、一〇二ページ

*27 カッコ内は一八三〇年版ルター訳。ドイツ聖書協会版ではなく、しかも出版地はバイエルンのものであるが、一九世紀の用語を知るうえでの一つの参考として記す。

*28 Lutherbible, 1545: beruff, 1830: Beruf, 2017: Berufung.

*29 Lutherbible, 1545: beruffen, 1830: berufen.

*30 「コリント書一」一章二六節―二九節

*31 もし仮に、この点のみを徹底的に推し進めたとすれば、経済的成功をもって救いの証しとする論理は成り立たない。この点は確証思想の問題である。

*32 「エフェソ書」一章一七節―一八節

*33 ただし、ベルーフの語が用いられている最後の一文「それは、あなたがたが、一つの希望に……」は、タウラーの説教の朗読箇所に入っていない。タウラー、「兄弟たちよ、主の定めによって捕えられた私は、あなたがたに願う」、一〇五ページ

*34 「エフェソ書」四章一節―四節

*35 怠惰は、資本主義の精神にとっても悪徳となる。これについては別の機会に触れたい。鈴木宗徳「自らを劣っていると認識させることについて」も参照。

*36 Lutherbible, 1830. なお最新のドイツ聖書協会版 Lutherbible［2017］（宗教改革五〇〇周年記念版）では、“eure Berufung und Erwählung festzumachen”となっている。

*37 「ペテロ書二」一章五節―一〇節

*38 職業召命観は、全職業を神の前の平等へと開いたとはいえ、いまの職業を神聖視して「現状にとどまるべきだ」との伝統主義的な考え方にもなりえた（ルター派）。この点からすれば、天職《ベルーフ》理念は平等観の培養土になったかもしれないが、近代的な職業の自由を、必然的にもたらすわけではない。

*39 『倫理』、一〇七ページ

*40 『倫理』、一〇七ページ

＊41 『倫理』、一一七ページ

＊42 『倫理』、二二六ページ

＊43 「後述するように」というのは、カルヴィニズム、ドイツの敬虔主義、英国のメソディズム、そしてクエイカーやメノー派などの洗礼派系諸ゼクテという、大きく四つの「禁欲的プロテスタンティズム」についての考察を指している。

＊44 『倫理』、二一九ページ

＊45 『倫理』、二一九ページ

＊46 『倫理』、一七七ページ。続けて、ピューリタンの特色を明らかにすべく、「これら〔仏教やジャイナ教など〕の場合には、純粋に宗教的な性格をもった心理的衝動が生じた」と述べられる。

＊47 ヴェーバーは禁欲的プロテスタンティズムの一つとして、予定説と異なる教理によって洗礼派系の諸ゼクテにおける世俗内禁欲の形成を考察している。

＊48 この視点に立つと、天職《ベルーフ》思想や予定説と同様の観念があれば「資本主義」が生起するといった議論は成立しない。

＊49 『倫理』、二〇七ページ

＊50 『倫理』、一七二ページ

＊51 ここでヴェーバーは、カルヴァンが予定説を「キリスト」重視の視点から理解していた、と指摘している。

＊52 『倫理』、一七三ページ

＊53 大西晴樹、『イギリス革命のセクト運動〔増補改訂版〕』、一五ページ。大西は、予定説にかんするケンドールの議論を踏まえ、ベザ以降のピューリタン正統派の予定説における「救いの確かさ」の思想において「善行による聖化」を主張する予定説の系譜を追うとともに、信仰に先立つ業を拒否するもう一つの予定説の系譜をも追い、この両者の対抗関係においてカルヴァン主義を把握する。『倫理』における予定説の発展および確証思想の発展を理解するうえで重要な議論である。Kendall, Calvin and English Calvinism to 1649 も参照。

＊54 『イギリス革命のセクト運動〔増補改訂版〕』、一七ページ

＊55 「ペテロ書二」一章五節－一〇節

＊56 『倫理』、二〇七ページ

＊57 『倫理』、二八七ページ

＊58 「コリント書一」七章についての「いろいろな解釈の仕方」が、「すぐれて日常生活の実際に根ざすものであった」ことを、ヴェーバーは指摘している。『倫理』、三一三ページ

＊59 『倫理』、一四〇－一四一ページ

＊60 かつては大いに宗教的観念からも生じたという指摘は、宗教的観念について考察する重要性を強調する一方で、では現代ではどうかという問いへと促される。

*61　これは、カルヴァン派信徒に限定した指摘ではない。諸宗派の人をみな含めていっているとみるべきだろう。

*62　『倫理』、一四一ページ

第4章

孤独化と脱魔術化

予定説の作用

前章までの準備を経て、ここからはぐっと現代的な問題に視点を集中していく。
まず本章では、予定説について検討したい。
ヴェーバーがその作用として真っ先に指摘したのは、「孤独化」であった。
その意味について考えていく水路は、天国か地獄かの二者択一を迫ってくる
強迫的な世界像の問題、そして脱魔術化と排除の力学という問題に通じている。
この視点はグローバル化と移民(労働者)の排斥問題をかかえる
現代社会にも一つの示唆を与えてくれるに違いない。

1　予定説の作用を考えるための予備考察

私たちの自由と運命

自由を謳歌していると思っている現代人にとって、予定説の議論が遠い世界のことだと感じられるのは無理もないことである。

しかし私たちは、自分のことですら自由にならないことが山ほどあるのを、じつはよく知っている。生老病死、人生のさまざまな場面で、私たちはどうしようもない現実と出会う。

あるいは「仕事」がそうだ。現代の日本では、仕事がほぼすべての事情に優先される。体調が悪くても、どんな悪天候でも、事故で道路が閉鎖されていても、災害で交通機関が止まっても、家族とくに子どもが病気でも、とにかく出社が求められる。ときに慶弔事すら脇に押しやられ、挙げ句のはてに健康や命すらも奪うことがある。

たしかに私たちは、たいていのことについて、自ら最終決定を下すことができる。仕事の困難も、最終的には辞職という選択肢がある。それなのに辞めなかったのだから自分の責任だ、とみなされる。

あらゆる場面に神の摂理をみる信仰の立場は、そのような自己責任の論理に人間の傲慢さをみるだろう。自分で決断したようでも、じつは神の導きによると考えるからである。予定説は、自己中心的な私たちの思考の傲慢さに反省を求め、見方を逆転させるよう迫る。まず、私たちの常識をふり返り、この問題について想像を働かせるための予備的考察をしてみたい。

「失われた世代」と時代の運命

社会の問題は、人間が対策を講じるべきものである。そこには、運命ではなく人間のかかわりが社会を動かすという思想がある。

もちろん、人間が介入できる限界もある。一人の人間の誕生を考えれば、そこには途方もない偶然／奇跡が重なっている。自分が生まれるには両親がいたはずで、その両親それぞれの誕生にも両親がおり、さらにその親の誕生も……という長大な連なりを思えば、その系譜の末端に位置する自己が文字どおり奇跡的な確率で誕生したことに思いいたる。一人の人間が生まれてきたことの価値はどこまでも巨大である。

人口問題は、そうした個々の存在の累積をマクロにみたときの問題である。現在の超少子高齢化の問題も、突然はじまったわけではない。社会の問題として以前から予測可能であったし、予測されてもいた。放っておいたのは社会の責任である。

一九七〇年代前半生まれの世代は、いわゆる団塊ジュニア、第二次ベビーブーマーを中心に人口が多い。その世代に生まれたことは、本人にとって運命である。

今や四〇代後半のこの世代は、一九九〇年代半ば以降、バブル崩壊後の不況によって、非正規労働や低賃金を余儀なくされてきた。派遣・請負業の規制緩和、フリーターやニートといった言葉への注目、非正規雇用の急速な拡大、そして自己責任論が叫ばれるようになりはじめた時期である。[*1]

この世代を先頭にその後およそ一〇年弱の「就職氷河期」に当たる世代は、「失われた世代」「ロストジェネレーション」とも呼ばれる。非正規雇用で低賃金という不安的な生活では、結婚や出産に踏み切れない。いわゆる「第三次」ベビーブームは到来せず、出生数は減少の一途をたどった。そしていま五〇代のバブル期に大量採用された正社員と、四〇代の人数自体が多い第二次ベビーブーマー（ロスジェネ世代）は、「自己都合退職」の募集対象となっている。

この世代（とそれにつづく世代）は、将来の生活にも不安を抱えている。年金問題は二〇年以上前からこの世代の問題でもあった。この世代が大学生になる時期（一九九一年四月）——第二次ベビーブームのピークである一九七三年生まれの人が高校三年生の年——、二〇歳以上の全員に国民年金の納付が義務づけられた。当時この世代は、高卒就職者も含め、自身で年金を納付できる人は少なかったはずである。学生特別猶予や追納制度はあるが、その後も非正規雇用でワーキングプアの生活を送り、追納する経済的ゆとりなどなかった人も多いだろう。

あと数年もすれば、親世代である団塊世代の介護需要が一気に高まる。この世代自身も約二〇年後には高齢化する。運よく正社員として働けた人も定年を迎え、年金生活を余儀なくされる日はそう遠くはない。そのとき、より若い「現役」世代にのしかかる社会保障費の負担は巨大となる。このままでは、この世代は後続世代から疎まれる存在になっているかもしれない。

しかし、同年代の人数の多さは、そのときに生まれた本人の意図ではなかった。また大きな社会の流れ、すなわちバブル崩壊や、すでにグローバルに展開していた新自由主義の流れは、当時一八歳にも満たなかった当人たちからすれば時代の運命としかいいようがない。

しかし現代の私たちは、これらの事態を宿命論としてではなく、克服すべき社会問題として理解するし関与しなければならない。ここに、事態を「運命」と受け止める感覚と、「自由」な人間像という理念との葛藤が潜在している。

一つ重要なことは、ロスジェネ世代は、大量非正規雇用時代の先頭を走ってきたということである。時代の転換点において、この世代が直面してきた不条理――新卒一括採用の不合理さ、就職・就労での男女差別、最低賃金の低さ（ワーキングプア）、相変わらずの長時間労働（違法残業・休日出勤の多さ）、同一労働の非同一賃金など――は、長く日本社会の不条理だったものである。それを単なる世代の悲劇に矮小化するのではなく、世代を超えた日本社会の問題として取り組むことが可能だし重要である。宿命論的諦念は、豊かな者はますます豊かに、貧しい者はますます貧しくという「マタイ効果」を増幅し、格差を拡大することになるだろう。

もう一つ、この世代の就職する時期は、「氷河期」の突端であるだけでなく、阪神淡路大震災と地下鉄サリン事件（一九九五年）を若くして経験した時期だった。その少し前の東西冷戦の終結と既存の秩序の崩壊と再編、そしてボランティア元年ともいわれる時代を、青年期として生きた。またウィンドウズ95の発売があったことも、時代の大きな転換点であった。ロスジェネ世代は「失われた」存在ではない。新たな生き方を要請されつづけてきた世代である。その経験は貴重だと思う。困難を時代の運命として引き受けながらも、問題を社会的に展開させていく両立の道があるだろう。

死と孤独

誕生とともにはじまる死の問題も巨大である。ロスジェネ世代の多くが高齢者となる二〇六五年には、総人口に占める七五歳以上人口の割合は約三・九人に一人（二五・五％）になるといわれる。[*2]ここではとくに高齢者の「孤独」の問題について触れておきたい。

もちろん、高齢者の一人暮らしだからといって、孤独だとも孤立しているとも限らない。たとえ三世代同居の世帯であっても、内面で孤独を抱えている人もいるだろう。

しかし、「孤立死」（孤独死）が増加しているという指摘はやはり見逃せない。東京都二三区に限られたデータだが、東京都区部における六五歳以上高齢者の「孤立死と考えられる事例」は、二〇〇三年の一四五一人から二〇一六年の三一七九人へと、この一五年間でその数は約二・二倍に上昇している。[*3]

高齢者自身、孤立死への不安がある。内閣府の調査では「誰にも看取られることなく亡くなった後に発見される」ものとしての孤立死を「身近に感じる」と回答した人は、約三人に一人（三四・一％）にのぼる。[*4]

ここで、一人で死んで何が悪いのかという問い返しがあろう。孤独を受け入れようとする思想伝統もある。「人、世間の愛欲の中に在りて、独り生れ、独り死し、独り去り、独り来る」（『仏説無量寿経』[*5]）や「生ぜしも独りなり、死するも独りなり」[*6]（一遍）といった言葉は、生と死についてくる孤独を直視せよと教える。「死期は序を待たず。死は、前よりしも来らず、かねて後に迫れり。人皆死ある事を知りて、待つことしかも急ならざるに、覚えずして来る」（『徒然草』[*7]）という言葉などは、西欧中世におけるメメント・モリ（死を憶えよ）を思わせる。こうした東西の思想に照らしても、孤独のうちに死ぬことは人間の真実だと思える。

けれども、そのような真理への宗教的達人の境地は、大衆的宗教性に生きる衆生には到達し難いのも事実だろう。多くが従容として死に就けないからこそ、達人たちによって思想的苦闘が重ねられてきたのである。

ならば達観ではなく社会的に考えてみよう。孤独死の不安の根底は「一人で死ぬこと」なのだろうか。そもそも「一人で死ぬ」とはどういうことなのだろう。この点についてヒントを与えてくれるのは、一八九七年生まれのユダヤ系ドイツ人社会学者ノルベルト・エリアスの晩年の著『死にゆく者の孤独』である。

「死にゆく者の孤独」と意味問題

ヴェーバーの死後も続けられたヴェーバー家での学術サークルで妻マリアンネ・ヴェーバーを前にした報告が評価され、後に『文明化の過程』で第一回アドルノ賞を受賞したエリアスは、自己を自分一人で完結した存在とみなす人間像を「閉ざされた人間」（ホモ・クラウスス）と概念化し、長期的な傾向としての「個人化」過程を抽出した。

自己は一人きりで存在すると考える人間像では、他者との関わりのなかにある人生の意味を見いだすことができない。エリアスもいうように、「ある人間の人生は、どのような形にせよ他者に対して意味をもつ」。[*8] エリアスによれば「意味」は他者との関係のなかにこそある。「生産力」をもたない死に向かう者も他者に意味をもつ存在であるし、当人にとって他者との関係はきわめて重要である。

死を間近に控えた人間が――まだ生きているのに――周囲の人びとにとって自分はもはやほとんど何の意味も持っていないのだ、と感じなければならないような事態に身を置くとき、その人間は真に孤独である。[*9]

他者と隔絶していては、交わりから生まれる生の意味を見いだせない。「閉ざされた人間」を基底とする近代の思想は、必然的に意味喪失と孤独化の問題を抱え込んでいる。

エリアスは、日本でもよく知られたフィリップ・アリエスの死の社会史研究が、中世の死を美化しすぎていると批判する。そのうえで、現代社会における死の孤独の核心をつく。

ひっくるめて言えば、中世の社会では、人の一生は今より短く、手に負えぬさまざまな危険はいっそう多く、死はもっと苦しいものであったし、罪の意識に根ざした死後の刑罰への恐怖は隠しようもないほどのものであったが、その反面、死にゆく人間に対する人々の関与の度合いは現在よりもずっと大きかった。[*10]

現代人は、死にゆくけれども生きている人間に、人として関与しなくなってきているとエリアスはいう。現代社会における「孤立死」の不安とは、死そのものよりも、自らの生が放置されること、他者との関係を失い、生の意味が感じられなくなっていくことにある。

この生の不安の延長線上に、自らの死が誰にも気づかれない不安、そして死後も遺体が放置されてしまう不安があるといえないだろうか。

話題になった映画「おくりびと」で、納棺師である主人公が最初に仕事としてかかわったのは、亡くなって二週間ほど経ってから発見された遺体であった。それが映画になったということからも、孤立死（とその不安）は遠いどこかの話ではなく、身近な問題だという感覚の広がりが知られよう。現在、遺体および遺骨の引き取り手がなく、行政が扱う無縁遺骨数も増加している。[11] 一人暮らしの高齢者の三人に一人が孤立死を「身近に感じる」のも、隣近所を見回しながらひしひしと感じる実感であろう。

来世ではなく現世での、死後を想定した不安がある。しかし、その不安の根っこが「閉ざされた人間」という人間像にあるのなら、それは運命ではない。死に対する不安はさまざまあろうが、少なくとも人間関係による不安には社会的に対処が可能である。

エリアスは、穏やかな死を可能にするために必要なこととして、「生き残る人たちが死にゆく人に示す親密な情」と「今死んでゆこうとするこのわたしは、囲りの人たちに、やりきれない存在などと思われてはいないのだ、との確信」[12] という二つをあげている。生きている人たちといわず、「生き残る人たち」[13] とエリアスは記した。死そのものではなく、現代社会における「死にゆく者」の孤独を解消するには、個人化した人間像を関係へと開き、その「開かれた人間」によって意味を回復することが必要だというメッセージである。

運命も自助も

ここまで、個人の自由がきかない出来事としての生と死の問題についてみてきた。生と死の問題は本人の意のままにはならず、「運命」として映るだろう。

しかし、前提はつねに問われなければならない。現代人は、運命という観念をどう受容し、支持しているのか。ほんとうに現代人は自分を自由な存在と思っているのか。

筆者のかかわった二〇〇六年の調査[*14]では、「人生は運命によって決定されている」という見解に「そう思う」と肯定する回答が五二・六％であった。この調査結果は、現代人も運命による支配という観念をそれなりに受容していることを示している。

現代社会は人びとが「神仏」から疎遠になって神仏に期待を寄せないだけでなく、「社会」からも疎遠となり、企業からも公的機関からも社会的扶助を期待できないという不安の時代である。そんな時代に、自己の置かれた状況を「運命」だと思う回路が形成されてもおかしくはない。

しかしその一方で、この調査によれば「幸不幸は自分の努力次第」と考える人が九二・一％いる。運命による決定性を肯定しながら、幸不幸は努力次第であるとも考えている。この両者は一見すると矛盾しているようにみえる。両者の関係についてもう少し考えておきたい。

運命論と自助論

運命と自由について、どちらか一方で首尾一貫すれば分かりやすい。しかし私たちはそのような一貫性においてではなく、どちらも部分的に肯定する矛盾した世界を生きているようだ。

矛盾を支える思考はいろいろあるだろう。たとえば、個人の運命はあったとしても最終決定されているわけではない、努力すれば状況を好転でき、幸せをつかむことも可能だという考えは、困難な状況にも諦めずに努力する態度を培うに違いない。それは生きる希望でもある。

しかし同時にそれは、幸福でないのは自分の努力が足りないせい、という理解にもなる。過酷な現状を受け入れて、どこまでも努力させられる。不幸は自分の努力不足のせいだとする論理は、多くの人が子どものころから植えつけられているものではないだろうか。

浮かびあがってくるのは、リスク社会ともいわれる現代社会で、生活上のさまざまなリスクを自己の「運命」として読み替え、何とか対処しようと「頑張る」姿だろう。そこでは運命と自助という二つの異なる方向性が互いに補い合い、入れ子になっている。

自己が置かれた状況を改善しようと努力するのは、特別なことではない。しかしその意識構造は、生活のなかでは「自由」の観念によって、つまり「運命」を忘却させたまま、一元化されている。

それにたいして、同じ一元化でも予定説は逆である。この教説は、運命と自助の二重構造を「運命」の方で一元化する。そこでは、被造物の自由を認めない世界像へと軌道は決定され、人びとが世俗のすべてを投げうって「神の栄光」へと邁進する。つまり、神に通じるもの以外をすべて排除していくことになる。

では、そのような特性をそなえた予定説は、歴史のなかでどう作用するのか。あらかじめ注目点を三つあげておこう。

第一に、孤独化である。神の選びは徹底的に神の恩恵によるのであって、誰も手助けはできず、個人は一人一人孤独になる。

第二に、世界の脱魔術化である。人間の善行や呪術では救済を獲得できないとする論理は、脱魔術化を強力に推進する。その過程に潜在する魔術の排除をめぐる闘争について考えてみたい。

第三に、現世の意味喪失という問題である。予定説はすべてを神の栄光に帰す。それは、地上から意味を奪うこと、すなわち物事が人格的（ペルゼーンリッヒ）にからみ合った世界から、規則化され数量的に計算可能な物象化した（ザッハリッヒな）世界への移行である。そこでは隣人愛すら物象化される。現世から意味を奪うことは、現世の不条理を問わないことにもつながるのだろうか。その点についても考えてみたい。

2 内面的孤独化

カルヴァンの警告

予定説への現代人の反発は、自由の希求の反映である。しかし『倫理』の読解上での反発は、予定説があったことは受け入れたうえで、事前に運命が決まっていたなら規律化されるはずがない、という見解によるものが多いように思う。

たしかに、「将来が決まっているなら、なるに任せて好きに生きよう」と思う人が多いように思えるかもしれない。しかし、もし自分の将来に強い関心（不安）をもっていたら、将来が気になって、心から「なるに任せよう」などと思えるだろうか。社会が宗教をめぐって争っている状況なら、なおさらなるようになれとはいえないだろう。

ルターの『奴隷意志論』のように、宗教改革は神の絶対的な主権を説いた。そのもっともラディカルな教えが、二重予定説として現れたといえる。ここではその出発点ともいえるカルヴァンによる信徒への影響を確認しておこう。

カルヴァンによる「エフェソ書」の説教、つまり口頭で信徒にじかに語られた言葉の記録によれば、カルヴァンは次のように信徒に語っている。[*15]

ある人々は、聖パウロがここ〔エフェソ書第一章三－四節〕で、「予定」について論じるこの教理を「正しい」と、認めはするでしょう。あえて聖霊を否定することは出来ないからです。しかし彼らは、「この教理については全く語らないでおこう」とするので、その結果、この教理は葬り去られてしまいます。[*16]

カルヴァンによれば、『予定』を強く、はっきりと語ることに耐えられない者は誰でも、神の恵みへの忌むべき敵」である。[*17]

こうした言葉は、予定説にたいして弱気になりかけた信徒たちを鼓舞するだろう。すべてのキリスト教徒が予定説を支持したわけではない。むしろカトリックをはじめ、種々の立場から激しく非難されていたのである。そうした状況で、予定説を「はっきりと」支持しなければ「神の恵みの忌むべき敵」と説教されていたのである。

ヴェーバーは予定説の説明のために、「ウェストミンスター信仰告白」を用いた。これは、カルヴァンではなくカルヴィニズムの予定説の作用を理解するという目的にかなった選択である。しかしここでは、カルヴァンが信徒たちに語った説教の記録を参照し、予定説がその当初から、どのように信徒に語られていたかを確認しておきたい。この説教は、すぐさま印刷されて各地に届けられ、直接にはカルヴァンの説教を聞けない人びとに届けられ、読まれていたものである。

この説教から、場当たり的で無秩序な生活態度に陥らぬよう、「悪魔」などの強烈なイメージをも動員しながら、警告が発せられていたことが分かる。補足しながら、少し長めに引用する。

善きものは、〔人間の業ではなく――引用者〕神の無償の憐れみに由来します。神は、この無償の憐れみを、私たちの誕生以前、世界の創造以前に〔したがってあなたが何か善いことをするはるか以前に〕、私たちのためにすでに用いてくださいました。……

また、神賛美を蔑ろにしようと欲する者どもの冒瀆は退けられます。彼らは、〔互いに結びついているはずの〕神の無償の選びとよく生きることへの熱心さの間に争いと分裂を置くのです。彼らは、「何だって？　もしも神が私たちを選ばれたなら、好き勝手にしたっていいじゃないか。いまさら、滅びることなんてないのだから」と言います。さらに、「私たちの救済が、どんな功績にもよらず神の恩恵によるものならば、善をなそうと悪をなそうと、かまわないではないか」と。

これに対しては容易に答えられます。もしも神の選びがないのなら、私たちの内にある思いや欲望のすべては、およそ正義に対する反抗となるでしょう。なぜなら、私たちはみな悪に傾く者であり、傾くだけではなく、いわば悪しき思いで膨れ上がり、悪の世界へと突き進む者です。神の御霊によって造り変えられぬ者はすべて、悪魔に囚われるからです。*18

ここでカルヴァンは、「創造前」予定説を説いている。個人の誕生以前どころか神が天地を創造する前に、すでに救済は定められている。したがってそれは、完全に神の恩恵以外の何ものでもない。

人間の業による救済を全面的に否定し、信徒たちが心のなかで思っているかもしれない、または現に他派で語られている、救いに予定されているなら何をしてもかまわないという思いを取りあげ、欲望を抑制するための言葉を信徒たちの耳に直接投げかけ、信徒たちを導こうとするカルヴァンの姿がみえるようである。それは、悪へと突き進む自由意志との闘いであった。

この説教で、生まれたままの人間は「悪魔」に囚われるとの指摘は、脱魔術化との関連でも興味深い。後述するように、魔の世界は幻想ではなく、実体化されたうえで排撃されているのである。

内面的孤独化

神にのみ自由を認め、しかも運命の意味を人間は知ることができない。[*19] 神を中心に置いた「非人間的」な予定説の作用としてヴェーバーが真っ先に指摘したのは、個人の内面的孤独化だった。

この悲愴な非人間性をおびる教説が、その壮大な帰結に身をゆだねた世代の心に与えずにはおかなかった結果は、何よりもまず、**一人一人の個人の**前代未聞の内面的**孤独化**の感情だった。[*20]

この指摘の意味を考えていくことが、以降の課題である。

ヴェーバーは、すでに達成され自信にあふれた近代ピューリタン像の根底に、不安におびえる心情をみた。それは、資本主義が席巻する社会となり、人びとが生産と消費に邁進するようになっていく過程の一面である。

ヴェーバーの関心は、神学的抽象からではなく「実践のうちから生み出された」心理的衝動にあった。とくに、思いついたように生活態度をときどき正す「倫理的その日暮らし」ではなく、「個々人を堅固につなぎとめる」衝動に向けられていた。[*21]

厳しい生活規律にも二、三日なら耐えられるだろう。だが、生活のあらゆる場面でその規律を維持しつづけるなど、普通の人には――神に選ばれでもしなければ――とても無理だと周囲の人も認める。つまりその人のつね日ごろからの行状をみて、この人はたしかに神に選ばれた人だと周りも承認する。そんな常人離れした「特異」な生活を続けさせるほどの強い衝動は、何に由来したのだろうか。そこが問題なのである。

しかしヴェーバーは、一般平信徒の心理的衝動という視点が、『倫理』の読者にまったく理解されないと嘆き、憤慨して以下のように記している。

> この点は、こうした問題を議論するにあたって、はなはだしく誤解されている。とくにゾンバルトは、ブレンターノもそうだが、倫理的著作者たちの手になる生活規範の要綱といった文献（それも大部分は私の論文で知ったもの）をつねに引用しながら、しかも、それらが誰に、向かって心理的に有効な**救済**の刺激をあたえることになったかを、**およそ**問うこともしないのだ。[*22]

信徒の生活を、ゆったりした時間の流れに生きる人間には耐えられないほど特殊な——合理的な規則へと規律化された——態度へと駆りたてる「救済の刺激」はいかに作用したのか。信徒の生活態度への問いが理解されないと、ヴェーバーは嘆くのである。

誰も助けられない

『倫理』を読むと、予定説は一つの揺るぎない教理であるかのイメージを抱いてしまうが、それは理念型に構築された後の姿だからである。ときには、一つに焦点を定めてそれ以外を捨象していく理念型の構築過程、いわば〈理念型化〉の過程に目を向けることも重要だろう。『倫理』で予定説のモデルが抽出されたウェストミンスター信仰告白も、一二〇人以上の牧師や神学者たちが議論に議論を重ねてなったものである。採択された結果をみれば、それは確固とした揺るぎないものにみえるだろう。だが、その途上では大激論が交わされていたのである。

予定説にもいろいろあって、ヴェーバーがとくに注目したのは、救われる者のみに言及する単一予定説ではなく、滅びにも言及する二重予定説であった。地獄に言及するかどうかで、信徒が恐怖を感じる度合いは大きく変わるだろう。その影響力の強さを恐れるからこそ、地獄について被造物が軽々しく口にしてはならないと、二重予定説は非難されたのであろう。

そのため問題は、説教者の意図を超えて、予定説を自分なりに受け取っていく信徒の心情ということでもある。カルヴァンはじめカルヴィニズムの説教者たちは、信徒たちに選びの不安と闘うように戒めていた。[*23] 歴史家のジャン・ドリュモーによれば、「カルヴァンは説教を行うさい、ほとんどと言っていいくらい、地獄落ちを取りあげてはいない。カルヴァンの目的はむしろ、救いの確実性を強調することにある」という。[*24]

にもかかわらず、「選び」の神学は「自分はどちらか」と自問させざるをえない構図をもち、カルヴィニズムの民衆教化の司牧において「恐れと希望を交互に与える」心理的結果がもたらされた。[*25] ヴェーバーは、予定説による孤独化の作用を指摘したうえで、そのありうる心理をたたみかけるように記述している。これまでの『倫理』読解では、その記述は、予定説の内容から論理的に——神が運命を事前に決定しているなら何も役に立たないのは当然だと——理解されてきたように思う。

だが信徒一人一人にとっての、その切実な思いに目を向けたい。

誰も彼を助けることはできない。牧師も助けられない……。サクラメントも助けられない……。教会も助けられない……。最後に、神さえも助けられない——キリストが死に給うたのもただ選ばれた者だけのためであり、彼らのために神は永遠の昔からキリストの贖罪の死を定めてい給うたのだからだ。*26

「助けられない」と幾重にも否定の辞を重ねて、信徒は無辺の宇宙でひとり神と交じり合う個となる。そこでは、峻厳な神に優しくとりなしてくれる聖母は登場しない。生前に善行を積んだかどうかは考慮されない。助けもなくどこまでも一人で、個として神の決定に従うしかない。それが宗教改革の精神を極限まで推し進めた予定説の論理であった。

この個の無力感は、まずは自分の死後の運命として感じられるだろう。しかしそれは、自身の問題にとどまるものではなかった。それは亡くなった親しい者の来世にかかわる問題でもある。予定説が個へと意識を収斂させるということは、すなわち他者とのつながりを切断することでもある。

予定説がもたらす孤独化を、単に予定説から論理的に導き出されるものと解釈して終わらせては、信徒の不安を理解するにはいたらないだろう。ヴェーバー自身が必ずしも明示しなかった隙間を埋め、その意味のよりよき理解を目指したい。古典的名著を「いま読む」とはそういうことでもあるだろう。

そのとき、「誰も助けてくれない」という反復は、中世キリスト教が築きあげてきた巨大な世界像の崩壊の予兆として浮かびあがってくる。

とりなしの祈りと煉獄

日本でも死者の冥福を祈るように、死者のための祈りは、キリスト教世界においても古くからなされてきた。[*27] そこには人びとが抱く故人への思いがある。

中世キリスト教は、それを死者への「とりなしの祈り」として取り込んでいった。その祈りが効力をもつ場所が表象され、責め苦の短縮という効果が教会によって認められた。こうして教会のもとで誕生した観念が、煉獄である。

中世史家ジャック・ル・ゴフによれば、煉獄とは「「とりなしの祈り」と呼ばれる生者の力添えによって、人がそこで被る試練も短縮されうるような中間的来世」のことである。[*28] 一二世紀以降に成立して時間をかけて庶民の心に根づいていったこの来世観が、「誰も助けられない」という孤独感と相容れないものであることは一目瞭然である。

自分が死者のために祈って、煉獄での試練の期間を短くするようとりなせる。それは、自分も死後にとりなしてもらえるという希望になるだろう。亡くなった親や兄弟姉妹、親族が想定され、地域での友人知人関係もあるだろう。煉獄ととりなしの祈りの成立は、身内や仲間によるとりなしを期待してよいとする、来世と現世を結んだ想像の共同体を成立させるのである。

しかし二重予定説には、いったん煉獄に行って罪を償いながら一定期間を過ごし、それから天国に行く、というような天国と地獄とは別の場所が入り込む余地はない。カルヴィニズムを代表するベザやパーキンズによる「救済の秩序」の体系的図式[*29]に、煉獄はみられない。むしろ煉獄のような観念、とりなしの祈りのように他者の力により頼むような態度を、徹底して否定したのであった。

もともと天国と地獄の観念は、キリスト教以前の二元論的世界像の影響を受けて成立したものであった。キリスト教は、古来の神と悪魔の水平図式を、神を上位に悪魔を下位に垂直に設定し直して、この二項図式を神中心に置きかえ、自らの伝統としたのである。

そこに中世キリスト教は、煉獄という第三の中間地点をつくった。ル・ゴフによれば、それは二項図式（または二項×二項＝四項図式）から三項図式への、来世像の転換であった。

四項というのは、善人と悪人の二項をさらに二分し、完全な善人、不完全な善人、不完全な悪人、完全な悪人という四つに分ける考えである。それを三項にまとめて煉獄が生まれる。中間に位置する二項すなわち「不完全な善人」と「不完全な悪人」を一つにまとめ、善悪いずれも含む「不完全」な者たちの居場所を設定したのである。来世ですぐに天国に行けるほどの完全者ではなく、かといって地獄に落ちるほどの大罪人でもない人が、一定期間だけ滞在して罪を浄化する場所である。

ヴェーバーが『倫理』で、カトリック的心情の表現としてダンテの『神曲』の末尾を引用し、ピューリタン的心情の表現としてミルトンの『失楽園』が描く楽園追放の場面を引用して両者を対比してみせたのは示唆的である。

『神曲』は、地獄から煉獄を通って天国へとめぐり歩く旅である。それに対して『失楽園』に描かれるのは、サタン率いる軍勢と大天使ミカエルが指揮する神の軍勢との争いであり、そこに煉獄は登場しない。『失楽園』でアダムはミカエルに「神の絶対的な命令に逆らって祈る祈りは、……なんの役にもたたないと思う」[30]という。ヴェーバーが『神曲』と『失楽園』によって示した心情の対比は、煉獄という第三項を擁する世界像と、天国か地獄かの二項的世界との対比であった。

煉獄は、死者と生者を含めた共同の観念としてある。多くの信徒は、自分は地獄でなく煉獄に行くのだろうと思うだろう。そして同じように、先立った親兄弟をはじめ近親者も煉獄に行くのだろうと思うに違いない。信徒個人としては、生きている自分にできるのは、親兄弟や幼くして死んだ子どもの魂が煉獄で受ける苦しみを少しでも短くしてやることであり、一刻も早く天国に行けるように祈ることだという思いを強くしただろう。そこには自分の幸福のためというより、他者のためのとりなしの祈りがある。

煉獄は、とりなしの祈りとともに、人びとをつねに死後の世界に向き合わせる作用をもった。遺族や親族さらには友人たちや町の人たちは、死者の罰の免償を願って、喜捨し、巡礼し、祈ったのである。自らの死後にもまた同じように、煉獄の期間が短縮されるようとりなしてくれることへの期待も混じっていたに違いない。そこに現世と来世をつないだ一つのコミュニティがつくられていったことは想像に難くない。

予定説は、このつながりを断ち切った[31]。とりなしの祈りが結びつけた、死者と生者、親兄弟と自分との絆を、プロテスタンティズムの倫理は断ち切ったのである。そしてプロテスタント的な信仰義認の思想とともに、自己の救いと滅びの予定という二項図式の前に立つことで、より強烈な個人意識を形成する基盤を形成していった。

人びとの日常生活のなかに、死への想念が浸透していく。死と死後の世界が教会の専権事項であった以上、煉獄と死後への祈りの浸透は、日常生活への教会の支配の浸透でもあった。しかし今度は、信徒は世俗の内部で、自己の生き方を通じて自己の救いを確証するよう教会から指導されていくことになったのである（世俗内禁欲）。宗教改革がもたらしたのは、教会支配からの解放ではなく新たな支配すなわち「およそ考えうるかぎり家庭生活と公的生活の全領域にわたって侵入してくる果てしなく煩瑣な、かつ生真面目な、生活態度全体の規則化」[32]だったという『倫理』冒頭の指摘を思い起こしておきたい。

来世での帳尻あわせ

ル・ゴフは、罪に応じた滞在期間を設定する煉獄の観念が、「永遠の来世」という無時間的な宇宙像に時間軸の区切りをもたらしたことを指摘している。

一三世紀、煉獄の滞在期間を刑罰の均衡として算定するようになり、かつ質的算定から量的算定へと転換して[33]、死後に対しても「会計学」が適用されるようになったのである。「いまや、罪の重さに応じて煉獄の時間が、とりなしの祈りの量に応じて煉獄の免除の時間が数えられ、この世で生きられる時間と、あの世で感じられる時間との関係が計算されるようになる」[34]。数量化の精神は貨幣換算、そして世界の物象化へとつながっていく。

死者のための祈りは、現世の権力の手が及ばないところにある。したがって教会は、他者のためのとりなしの祈りを独占的に組織化できた。罪の許しは、生前の懺悔の秘跡のみならず、死後にまで拡張された。祈りの仕方、ミサの意味づけ、寄進などあらゆる場面で教会は権力を強化することに成功した。

また、煉獄ととりなしの祈りは、信徒の煉獄にたいする「恐れ」をかき立てて展開する一面もあった。[*35] 煉獄は責め苦を受けることで小罪をあがなう場所であるから、一刻も早く抜け出したい恐ろしい場所としてイメージされるのは自然なことである。

信徒は、地獄と煉獄の恐怖に駆り立てられて、教会の用意したさまざまな仕掛けのなかに自ら入っていくことになる。そのきわめつきが、煉獄での滞在期間を短くするために罪を贖う代わりになると販売された贖宥状（免罪符）であった。贖宥状は、自己の救済のためだけでなく、近親者のとりなしのために購入された。それゆえ顧客は無数にいたのだ。その販売は莫大な収入をもたらした。この贖宥状の広まりが、宗教改革の引き金となったのは周知のとおりである。

3　二項図式の圧力

家族か神か――「永遠」の希求

中世カトリック教会が煉獄によって時間を切り売りしたのとは対照的に、予定説は永遠の来世を強調した。

ヴェーバーが、予定説の作用を具現化した理念型として選んだのは、『失楽園』と並びピューリタン文学の傑作とされるバニヤンの『天路歴程』である。その冒頭、自らの町が滅びに予定されていることを知り、「永遠の命」を求めて家族をおいて一人駆け出す主人公の姿に注目した。『天路歴程』を読んだ読者は、作品内の主人公らの言葉を心に刻んでいったであろう。そこで主人公を駆り立てているのは、滅びへの恐れである。

カルヴィニズムにとって、真の教会に所属することは救済に必要であるにもかかわらず、神との交わりは深い内面的孤独のうちに行われた。この独自の態度のもつ特殊な作用を感得しようとするなら、ピューリタン文学の中でももっとも広く読まれたバニヤンの『天路歴程』において、〔主人公である〕「クリスチャン」が「滅びの町」に住んでいることを感じて、一刻も躊躇せずに天国の都への巡礼に旅立たねばならないとの召命を聞いたのち、彼のとった態度の描写を見るべきである。妻子は彼にとりすがろうとする。――しかし、彼は指で耳をふさぎ、「生命、永遠の生命!」と叫びながら、野原に駆け出していく。根本においてただ自分自身を問題とし、ただ自分の救いのみを考えるピューリタン信徒たちの情感を描き出したものとして、どんなに洗練した筆致も、この獄中に筆をとって宗教界の好評を得た鋳掛屋〔=バニヤン〕の純真な感覚におよび得ないであろう。[*36]

『天路歴程』は、鋳掛屋出身という最下層の、教育を十分に受けられなかった信徒の作品でありながら、すでに当時から傑作として中産階級の人びとにも広く支持を得た。その基底に、ヴェーバーは予定説の作用を読み取った。
引用では予定説の作用としての内面的孤独化について、第一に永遠の生命を求める指向、第二に自己の救済のみを考える自己本位的性格が、特徴としてあげられている。具体的にみていこう。『天路歴程』の冒頭で、聖書を読んだ主人公が、自分の住む町が滅びの運命にあると知り、行くべき場所を教えられ、町から一人で、つまり妻と子どもを置き去りにして単独で逃げ出す。ヴェーバーが言及したのは、この場面である。

さて、かれ〔主人公クリスチャン〕がわが家の戸口から走り始めていくらも行かないうちに、妻や子供らがそれに気づいて、戻ってくるように大声で叫び始めた。けれどもかれは指を両の耳にさしこんで「いのち、いのち、とこしえのいのち！」と叫びながら走り続けた。こうして、かれは見むきもせずに、広い野原の真中目指して遁れ去った。*37

ストーリーとしては、個人ではなく町全体の滅びの話であるが、その恐怖と不安が描かれている。実際には、一人で逃げ出す前に、主人公は家族に事情を説明し共に逃げようと説得した。だが家族には受け入れてもらえなかった。それどころか嘲笑すらされた。道の途中で主人公が、どうして家族を連れてこなかったのかと問われて答えた言葉には、必ずしも自己中心的とは言い切れない心情が吐露されている。「ああ、どんなに連れてきたかったでしょう。でも、わたしが旅に出ることには、みんな揃って大反対だったのです*38」。そして、神への祈りを含めあらゆる手段を尽くして説得を試みたがすべては無力だった、と答えている。

ここには、信仰者の孤独が示されている。説得を続けた彼の家族への配慮をみれば、主人公にただ「利己的」な姿勢を読み取るヴェーバーの指摘は一面的に思えるかもしれない。

しかしヴェーバーはここで、二項図式においてあれかこれかの選択を迫られ、苦悩した結果下された決断に焦点を当てた。「滅亡の都」から遠く離れて、少し安心してから思い返す家族よりも、耳をふさいで一人家を飛び出したときの決断が、実践的行為の方向性として注目されたのである。

主人公は、最終的に二者択一の決断を迫られた。そのギリギリの場面で、天の都での自らの永遠の生命を求め、すべての世俗的事柄を振り捨てた。家族か、神か。それまで馴染んだ生活か、永遠の命か。町の滅亡が告げられるなかで、両者に仕えることは許されていなかった。

現世における人間的紐帯は、神の求めるところではない。そうであるなら、他者との交わりではなく、徹底的に自己の救済を求める姿こそ、滅びの予定の告知につき動かされた人間の理念型にふさわしい。少なくとも、家を飛び出し「門」を目指す主人公のその後の歩みは、厳しい罰にさらされている人びとを前にしても「憐憫」の情はみせず、他山の石とするにすぎない。そこには万人を「隣人」とみなして手を差し伸べたり、とりなしの祈りをささげたりする態度はみられない。

ところでバニヤンは貧しい鋳掛屋出身であったが、それでも鋳掛屋という職業があり、物乞いをしていたわけではなかった。

中世、物乞いは疎んじられてはいたが、同時に「聖なる貧者」ともみなされた。富者は彼らに施しを与えることで善行を積み、救済への安心を獲得することができたのである。*39 物乞いがいなければ、多くの富裕者は貪欲の悪徳にまみれた末に、来世の運命におののいたまま死を迎えることになるだろう。その恐怖心が、財産の寄付の指示とあわせて、自分の死後にとりなしの祈りをしてくれるよう依頼する遺言を書かせた。

しかし先に触れたように、プロテスタンティズムはとりなしの祈りも、煉獄の存在も否定する。「信仰のみ」の立場に立てば、第三者によるとりなしはありえない。ましてや煉獄の滞在期間を計算して、それにあわせて祈ったり贖宥状を購入したりすることは神をも恐れぬ「迷信」である。それゆえ、神のみに指向し自力救済を否定する精神は、逆説的にも自助努力の精神を生み出していく。それは反権威主義の砦となる一方で、神中心主義による「排他性」[*40]を極度に高めるのである。

煉獄ととりなしの祈りの拒否は、必然的に、自らが来世においてとりなしてもらえる可能性をも消し去った。来世自体を疑うなど思いもよらず、来世の永遠の生に強い思いをはせる信徒が、自力救済の手段を自ら拒否したことは重大だった。内面的孤独化とは、そうした地点にある。

孤独をとおした連帯

ピューリタンの孤独化は、英文学者エドワード・ダウデンが『ピューリタンとアングリカン』[*41]（一九〇〇年）で記していたことである。ヴェーバーはこの著作から、「（神との）もっとも深い交わりは、制度や団体や教会のなかでなく、孤独なこころの秘め事のなかにある」[*42]という一節を引用して、この心情が「決定的な点」なのだと注記している。[*43]そこは、ダウデンが『歴程』について解釈している箇所である。

このヴェーバーの一文について、ダウデンの原文脈を踏まえるとき、神と個人との一対一の孤独な関係を超えた、連帯の契機がみえてくる。ここはまた、救済のためには何も助けにならないという反復の典拠としても注目される。ダウデンは次のように記している。

> 制度、教会、儀礼、典礼、儀式は、バニヤンにとってほとんど、あるいはまったく助けとはならなかった。滅亡の町から天の都への旅は、個人個人によって、ただ自らのためにのみ、特別な召喚によって引き受けられねばならない。もし仲間が歩みを共にすれば、そのことは旅の試練を軽くはするだろう。だが、その仲間一人一人は、大いなる個人的な旅をはじめた別個の巡礼であって、暗黒の川に入ったとき、希望や恐れに対して彼独自の体験をする巡礼なのである。しかし、一人一人のもっとも個人的なことを通して、われわれは共通の魂に出会う。人生の素晴らしい出来事のなかのもっとも個人的な経験を、誰かに誠実に書き留めてもらうなら、その言葉は他の魂のなかで、無数の感応を呼び覚まされる。もっとも深遠な共同体は、制度や団体や教会のなかでなく、孤独なこころの秘め事のなかにある。

ダウデンは、個人的内面の記録がいかに他の人びととの魂の紐帯となりうるかを述べている。この最後の一文をヴェーバーは引用したわけである。そこは、あくまで個人の孤独な経験を内的に徹底することで「共通の魂」にいたるという、孤独による連帯が述べられた部分だった。

予定説の作用を理解するとき、内面的孤独化は最重要ポイントである。ヴェーバーが、サクラメントも教会も救済の助けとはならないと述べるくだりは、「制度、教会、儀礼、典礼、儀式」[*44]がバニヤンの役に立たなかったというダウデンの記述を踏まえたものだろう。

だが、引用元の原コンテキストにさかのぼると、孤独化というだけではない、その先にある魂の共同体が見通されていることが分かる。制度化された教会や儀式では真の連帯は得られない。むしろ個人の内奥を通してのみ、共通の魂をもった共同体を形成することができるのだ、と。『倫理』が指摘する内面的孤独化という文脈の奥には、宗教的「共同体」形成やゼクテ形成へとつながる問題が埋め込まれている。孤独の内面的徹底は、神とともにあると確信を抱いた者同士の、強固な共同体の形成につながるからである。もちろんそのためには、世俗的なものを切り離さねばならない。そのエートスは、世俗的にみれば逆説的に映る、孤独化と組織化の結合したところで育まれたのである。

同胞愛と選民意識

だがこうして、表面的な孤独の根底に広がる共通世界の形成にまで歩を進めたとき、ふたたび反転して迫り出してくるのは、まさにその「共同体」の特質、すなわち『天路歴程』の主人公が示す選民意識である。

「共通の魂」において形成される共同体は、すべての人に開かれた普遍的なものではない。誘惑や困難を克服した者、選ばれた者のみの共同体である。『天路歴程』の主人公がみせる敬虔かつ堅固な意志と行動は、別の立場に立つ者にとっては、独善的にもみえるだろう。ヴェーバーは同じ箇所で、「恩恵による選びの教説の作用の跡」を「**神への信頼のもつ排他性のもっとも極端な形態**[*45]」と述べ、その排他的性格を強調している。

『天路歴程』の主人公は、巡礼の途中で誘惑に負けて寄り道するなど失敗もするが、基調は、選びと滅びのはざまに立った緊張と不安をバネに「門」という目的に向かってまっすぐに進んでいくエネルギーにある。その脇目もふらぬ一途な生き方が、信徒の手本として示される。『若草物語』の冒頭に、少女たちが「『天路歴程』の巡礼ごっこ」をする場面[*46]があるが、それは『天路歴程』の影響力とともに、重荷を負いながら真摯に務めを果たすエートスの形成を示している。

内面的孤独化は、共通の魂において連帯するとともに、それが排他的特権性を帯びるという二面性をもつ。その排他性は「何ものも助けられない」という予定説の延長上にある「神への信頼がもつ排他性」なのである。

4 脱魔術化と排除のカテゴリー

脱魔術化

予定説においては、すでに決定された来世の運命を覆すことはできない、つまり「何ものも救えない」と教える。ヴェーバーは、このような人間自身のための利益（救い）獲得手段の否定を、カルヴィニズムにおいて突如現れた変種とするのではなく、古代から現代にまでつながる壮大な宗教史的過程のなかに位置づけた。

教会的な**聖礼典**による救済を完全に廃棄したということ……こそが、カトリシズムと異なる、決定的な点だ。世界の**脱魔術化**という宗教史上のあの壮大な過程、すなわち、古代ユダヤの預言とともにはじまり、ギリシャの学問的思考と結合しつつ、救済追求のあらゆる**呪術的**手段を迷信とし邪悪として排斥した脱魔術化の過程は、ここ〔予定説の作用を受けたカルヴィニズム〕に完結をみたのだった。[*47]

魔術からの解放という訳語でも知られる脱魔術化のプロセスは、[*48]『倫理』ではまず予定説の作用として位置づけられている。

ここでヴェーバーは、ヘブライズム（古代ユダヤの預言）とヘレニズム（ギリシャの学問的思考）を脱魔術化の二つの系譜として示している。古代ユダヤの預言からはじまる系譜は、脱魔術化の宗教史的性格を明示している。つまり脱魔術化は脱宗教化ではなく、むしろ儀礼主義から遠ざかる特殊な宗教的倫理化の過程である。

ではもう一つのギリシャの学問的思考に連なる系譜はどうだろう。これについては『職業としての学問』での脱魔術化の説明が参考になるだろう。そこでは、主知化と合理化の問題として脱魔術化が説明されている。

主知化と合理化の増大は、生の諸条件についての一般的知識の増大を意味するのではない。そうではなく何か別のこと、すなわち以下のことにかんする知あるいは信を意味する。すなわち、**ただ欲しさえ**すれば、いつでもそれを知ることが**できるかのように**、したがってその内部で作用する神秘的で計算不能な力など原理的に存在せず、それどころかむしろ、あらゆる事柄を——原理的に——**計算**によって**統御し支配**できるのだ、などといった知あるいは信を意味する。まさにこれが、世界の脱魔術化ということの意味なのである。*49

呪術を否定する脱魔術化とは、何を意味し、何をもたらすのか。ヴェーバーはここで、現代人が生きる条件について知ろうと思えば何でも知りうると考えるその傲慢さ、科学「信仰」を問題にしている。

現代は文理の区分が失効し、諸科学が融合する時代である。専門化への批判など時代がかったもののように聞こえるかもしれない。しかし、たとえばゲノム編集による人工的な生命操作などの医療・科学技術の急速な展開や、社会現象や軍事におけるビッグデータやＡＩの活用をみるとき、「計算」によって人間や社会を「統御」し「支配」しようとする知あるいは信を意味する脱魔術化への問題提起は、ヴェーバーの予想をはるかに超えて、現在いっそう深刻化している。誕生の奇跡や死の意味も無化され、すべて数量的なデータへと還元できるかのごとき信仰が現れ始めている。この科学的解明の可能性を極大化する精神は、カルヴィニズムが推進した精神でもあった。

予定説によれば、人間の側に意味を付与する権能はない。しかし同時に、現世における神の指の働きを、科学的手続きによって明らかにすることはできると考えられた。当時のオランダの生物学者スワルメンダムは、「虱の解剖学的構造のうちにある神の摂理を証明」すると述べたという。[*50] 現世は神の摂理によって説明されるのだが、科学的手続きを経ることで、人間にもその摂理を知ることができると信じられたのである。

脱魔術化と「世俗化論」「近代化論」とのズレ

予定説の作用の一環として脱魔術化をこのように把握するなら、[*51] 脱魔術化の概念と「世俗化」[*52] 概念――宗教が社会的影響力を喪失する過程という意味での世俗化――とが異なるものであるのは明らかだろう。

脱魔術化は呪術の排除、すなわち人間が自己の目的のために「神秘的で計測不能な力」に働きかけることを呪術的手段とみなし、それを迷信として排除することである。そのとき、排除のエネルギーは敬虔な信仰である。つまり脱魔術化は宗教意識の衰退ではなく、むしろ宗教性の高度化であり、新たな宗教性の形成なのである。

もちろん「世俗化」の概念は多義的である。Säkularisierung の概念もヴェーバーの時代に意味転換――教会領の没収から宗教の退潮へ――するのだが、[*53] その後、宗教が衰退する過程として理解されてきた。この意味での世俗化は、「近代化論」の主要な構成要素と考えられてきた。[*54]

近代化の指標としては、都市化、工業化、民主化、個人主義化などとともに、宗教の領域における「世俗化」が重要な要素とされる。諸領域が一体化した「近代化論」は、とくに第二次大戦後の東西冷戦構造の下で、西側の資本主義体制の発展を理論づける一つのイデオロギーとして機能した。ヴェーバーもその文脈で読まれてきた節がある。とくに『倫理』は、資本主義に適合的なエートスを形成するためのモデルとして読まれる傾向さえある。

脱魔術化の議論も、そのような「近代化論」とのかかわりを考慮する必要があろう。ここではフリードリヒ・テンブルックの議論を参照してみよう。

テンブルックによれば、中世まで人びとは呪術的世界像に支配されてきた。だがそれは、近世プロテスタンティズムの脱魔術化によって打ち砕かれ、それまで抑え込まれていた、政治、経済、科学など諸領域の発展可能性が開花して、それぞれに独自の発展としての「近代化」が可能となったという。この「呪術の園」から「脱魔術化」を経て「近代化」がはじまる歴史像がヴェーバーの中心的な世界像認識だとテンブルックはいう。*55

しかし本書の序章でも触れたように、ヴェーバーは政治や経済や法など諸領域の合理化が、それぞれ一体化せずバラバラに進展するという見解を示していた。ある領域が合理化しているからといって、他の領域も同じ方向に歩調を合わせて合理化するとは限らず、非合理なままとどまることもある。それはヴェーバーにおいては、合理化を論じるときの基礎認識とすべき観点である。いま一度引いておこう。

> 生活の「合理化」は、きわめてさまざまな究極的観点のもとに、きわめてさまざまな方向に向かって行われうるものなのだ。――この簡単な事実はしばしば忘れられているけれども、

「合理化」に関するすべての研究の冒頭におかれるべきことがらだろう。[*56]

この点を踏まえるなら、脱魔術化を経ることで個々の諸領域がこぞって同じ方向へ「発展」し始めるという「近代化論」的な一体化モデルではなく、倫理化され脱魔術化された宗教性が政治や経済との緊張関係を激化させていくという闘争モデルで考えた方がよいだろう。[*57]

諸領域がそれぞれ独自な論理を進展させるとしても、それが「近代化」の方向に進むとは限らない。世界から魔術的な制約が追放されて覆いが取り除かれれば、自ずと「資本主義」が「発展」するというような見立ては、ヴェーバーにはない。天職《ベルーフ》などの特殊な「理念」が、ある特殊な「世界像」をつくり出して歴史の軌道を大きく変え、その軌道のうえを「利害」のダイナミクスが進んでいくというのが、ヴェーバーの見通しだった。[*58]

それでも実際、『倫理』は「近代化論」の文脈で読まれてきた。「資本主義」は達成すべき目標とされ、いかなるエートスが「発展」に必要かを論じた、「近代化論」にとって重要な理論的著作とされた。その関心からは、当然、禁欲的プロテスタンティズムの質素で勤勉に働く自律した人格に焦点が当てられ、高く評価されることになる。たしかに『倫理』の文面には、そうした読みを可能にする記述が豊富にある。

しかし、「プロテスタンティズム」および「資本主義」のどの面に着目するかが問題である。本書でみてきたように、ヴェーバーは資本主義の精神を「倒錯」と呼び、カルヴィニズムの予定説が内面的孤独化をもたらしたと述べる。その孤独化の例は、滅びの町から一人逃げ出す『天路歴程』

の主人公であり、不安に駆られた個人主義だった。人ではなく神のみを称えるその反権威主義への契機を重視はするが、ヴェーバーは、予定説の作用を手放しで誉め称えてはいない。

たしかに資本主義的発展を推し進める立場からは、「生産力」の向上のために、すべてを投げうって勤労に身を投ずるエートスが不可欠とされたであろう。尽くす対象は「神」から「国家」（戦争）へ、そして「企業」へと変遷を遂げた。しかし変遷はしても、全身全霊をかけてある一事に一身を捧げる精神構造[*59]は一貫している。

あらためて『倫理』で指摘されている予定説の性質を確認しておこう。

> 人間のために神があるのではなく、神のために人間が存在するのであって、あらゆる出来事は——したがって、人びとのうちの小部分だけが救いの至福に召されている、というカルヴァンにとって疑問の余地のない事実もまた——ひたすらいと高き神の自己栄化という目的のための手段として意味をもつにすぎない。[*60]

ここで「人間のため」ではないことを告げる予定説についての指摘は、近代資本主義の精神についての次の指摘とパラレルである。

> 事業のために人間が存在し、その逆ではない、というその生活態度は、個人の幸福の立場からみるとまったく**非合理的**である。[*61]

予定説は神の栄光に、そして近代資本主義の精神は事業の成功に、すべての関心を集中させる。神か金銭的成功か、方向は異なるが、いずれも「人間の方に向いていない」[*62]つまり「非人間性」をおびている。現代日本の労働者が、ハラスメントを受けながら不本意な労働を強いられ、それでも事業に従事しなければ生きていけない事態も「非人間的」である。

感覚的文化の排除

予定説は、個々人に孤独化をもたらす。何ものも救済の助力をすることはできないからだ。この同じ地点から「文化と信仰における感覚的・感情的要素」を断固否定する立場が生じることになる。[*63]カルヴァンが説教で「私たちはみな……悪の世界へと突き進む者」と述べたように、救う価値などない無価値な人間なのに、神は恩恵を授けてくれた。ただ神のみを思うためには、それを阻害する要素を徹底的に排除しなければならないと考えられただろう。

したがって、絵画や音楽や彫刻などの芸術作品として表現される感覚的文化は、「感覚的迷妄と被造物神化の迷信を刺激する」がゆえに、排除の対象となる。感覚的なもの、感情的なもの、人間的なものは、自己の業を誇り神から離反する態度へと通じている。そうした警戒が、脱魔術化を推し進めたのである。

この脱魔術化の進展によって、死を取り巻く場面も変化する。ヴェーバーは世界の脱魔術化について、つぎのような例をあげて説明している。

真のピューリタンは埋葬にさいして宗教的儀式となる一切の痕跡を排し、歌も音楽もなしに近親者を葬ったが[*64]、これはただ心にいかなる「迷信」をも、つまり呪術的聖礼典的な手段が何らか救いをもたらしうるというような信頼の心をも、生ぜしめないためだった[*65]。

この例は、埋葬から宗教性を除外することを示すものではない。葬儀での歌や音楽によって、死者が天国に行けるわけではない。しかし音楽にはそう思わせる力がある。被造物の奏でる音楽の作用は呪術的ではないのか。こうして埋葬時の音楽は「迷信」とされてしまうのである。

排除カテゴリーの創出

ところでヴェーバーは、先の引用文中の「迷信」の語にカッコをつけた。その含意は何であろうか。些細な点だが、このカッコには、脱魔術化の概念を新たに展開するための重要な視点が潜んでいるように思われる。

それは、排除カテゴリーをめぐるせめぎ合いの問題である。脱魔術化が進行する過程では、その背後で、排除する対象をめぐって何を、また誰を対象とするかのせめぎ合いも同時に進行している。脱魔術化という概念でこれまで考えられてきたのは、直線的な魔術排除の過程ではなかったろうか。たしかに現象をみれば、従来カトリックの執り行ってきたさまざまな儀式や祈りを、プロテスタントは呪術ないし迷信として指弾し排除していった。マリア像の足をさすって自分の足の痛みを治そうとするのはただの迷信だし、贖宥状を購入しても救済を獲得することはできない、と。

しかし、ことはそう単純ではない。そこには呪術をめぐる観念の闘争があり、闘争をとおして排除の対象が定められていったからである。

たとえば「出エジプト記」でも、異教の呪術師の術とモーセの術とが争った場面で、前者は邪な「呪術」とされ、後者は神の「奇蹟」とされる。古代ユダヤの預言において呪術を排除することは、イスラエルの民が神の選民としての民族アイデンティティーを確立し、隷従状態から解放される重要な契機だった。強大なエジプトの王の前では、呪術師の術を完膚なきまでに打ち破ることで、自分たちの神ヤハウェこそ「神」であり、その業は「呪術」ではなく「奇蹟」だと証明してみせる必要があった。

だとすれば、その闘争の過程に目を向けることで、脱魔術化の過程を新たな視点から読み解いていくことができるのではないか。そのヒントが「迷信」に付されたカッコにある。

埋葬で歌が歌われ音楽が奏でられるとき、それは埋葬における「敬虔」な行為と考えられているだろう。しかし予定説の論理では、歌や音楽は被造物的手段だということになる。その場合、歌や音楽は、死者の救いという点では「迷信」とされる。

同じ行為が、ある立場からは敬虔とされ、別の立場からは迷信とされる。身近な死者を葬る別れの場面で、歌うか歌わないかの二者択一が迫られ、自己の信仰の立場が試される。

この例では、歌や音楽が「悪魔の仕業だ」とされたわけではない。それによる救済を考えることが「迷信」だとみなされて排除されている。つまり「呪術」がどう意味づけられるかは複数あって、必ずしも一本道ではない。*66

分かりやすい例として、雨乞いの祈りを考えてみよう。この儀式を悪しき「呪術」とみなして排斥するのと、単なる「迷信」とみなして排斥するのとでは、大きな違いがある。前者は呪術を実体視し、後者は呪術を幻想として無知と結びつけているのである。

当時の人びとにとって、悪しき「呪術」は、いつ、どのようにして、日常のふるまいと区別された「呪術」となるのか。「魔女狩り」は、この問題を典型的に映し出す例である。ある草を煎じて飲むことが、ある人には病気の治療となり、ある人には恐ろしき魔女の術となる。ジャンヌ・ダルクがフランスにとっては聖女とされ、イングランドにとっては魔女とされる。シラーが、ジャンヌを主人公にした『オルレアンの乙女』のなかで脱魔術化（entzaubern）の語を用いたのは偶然ではない。*67 それは、何を「魔女」というカテゴリーで把握するかの闘争の場面なのである。

排除カテゴリーの創出に当たっては、「正統」として自己を確立するアイデンティティーの問題もかかわっている。正統が異端となり、異端が正統の地位を獲得する、めくるめく正統と異端の争いは、ただ自己を正当化するだけでなく、他者に負のレッテルを貼ることで自己の地位を確立させていく歴史的事例である。

カルヴァン派の内部でも予定説をどこまで採用するかの争いがあったが、それはピューリタン内部での自己の確立、すなわち「正統ピューリタニズム」の位置を獲得するためのポリティクスでもあった。

どのような予定説を採用するのか。カルヴァン以後、予定説理解がカルヴァンの弟子テオドール・ベザ以降早くも変遷していった背景には、ヴェーバーが指摘するように信徒たちの生きる現実に対応する事情があったと同時に、自派を確立していくための争いがあったと考えられる。[*68]「共通の魂」の連帯によってアイデンティティーを確立し、その相互承認のためにいっそう自他を区別していくとき、規則的な生活態度をしているか否か、呪術を排除しているか否かは重要な指標の一つとなっただろう。

科学を信頼し宗教から距離を取る現代の私たちが注意すべきは、特定の対象を排除させるのは、宗教的観念や社会的通念だけでないということである。[*69] 近代科学も、そうした排除カテゴリーの形成と無縁とはいえない。「優生学」という科学はその一形態であるし、それにつながる思想は決して過去のものではない。現代ではさらに、SNSをはじめとしたネット上の言説が、国家や民族、人種、ジェンダー、移民などをつぎつぎと排除カテゴリーとして再編し拡散させている。私たちの身の回りには、そうしたカテゴリーを受け入れたり、つくり出したりするきっかけがあふれている。そこでは「科学」は万能ではない。

呪術排除という脱魔術化の過程には、ある事柄をひとくくりにして排除するカテゴリー排除の問題がある。ヴェーバーが「世界の脱魔術化」を論じたとき、この問題をどこまで意識していたかはわからない。しかし、「迷信」につけられたカッコは、ヴェーバーがこの問題領域に敏感に反応したことを示していると思われる。

「呪術」への問いかけは、アジアの諸宗教を対象に組み入れた比較宗教社会学のなかで、西洋キリスト教にもとづく自文化を「普遍」と「思いたがる」文化意識を対象化し相対化しようとしたヴェーバーにとって、重要なポイントだったはずである。「近代化論」を脱魔術化と関連させるとすれば、それは「近代化」を進めるために「魔術からの解放」を徹底しなければならないという視点からではなく、「近代化」というたぶんに憧憬と利害を含んだ認識が何を排除したのか、その排除の対象がいかなる立場から、どのように構築されていったのかを考察する視点が求められるだろう。

5 不条理な世界と意味喪失

運命としての意味喪失

カルヴァンの説教で述べられていたように、予定説は神の栄光を高め、自然なままの人間の価値を無化する。しかも人間はただ無価値となっただけではない。神に反抗し、悪魔化していく存在として、生まれたままでいる動物よりも劣った存在とされるのである。誰をなぜ救うのかは、神の自由な意志によるものだということしか分からない。人間はただひたすら神の意志を実現するため、一心に働く「神の道具」としてのみ存在する。こうして現世から「意味」が奪われていく。

呪術を排除する宗教倫理化と同様に、呪術を否定する自然科学的因果メカニズムの思考も、「この世界に意味などあるのか?」と問いかけてくる。現代では、「命」にかかわる領域もその固有な価値を失いかけ、人為的な操作の対象となりかけている。

合理的・経験的認識が世界を脱魔術化して、因果的メカニズムへの世界の変容を徹底的になしとげてしまうと、現世は神が秩序をあたえた、したがって、なんらかの倫理的な意味をおびる方向づけをもつ世界だ、といった倫理的要請から発する諸要求との緊張関係はいよいよ決定的となってくる。なぜなら、経験的でかつ数学による方向づけをあたえられているような世界の見方は、原理的に、およそ現世内における事象の「意味」を問うというようなものの見方をすべて拒否する、といった態度を生みだしてくるからである。*70

こうして「自然的因果律によって形成された秩序界」と「倫理的な応報的因果律の要請として形成された秩序界」との緊張関係が激化する。*71 二重予定説で頂点に達した脱魔術化は、文化の根底にあった現世的価値をすべて地上から天上へと移してしてしまった。しかし地上の諸価値は、それぞれの価値を神として互いに争い、「神々の闘争」をくり広げている。それは必然的に競争を激化させるだろう。

「文化」なるものはすべて、自然的生活の有機的に指定された循環から人間が抜け出ていくことである。そしてだからこそ、一歩一歩とますます破滅的な意味喪失へと導かれ、しかも、文化財への奉仕が聖なる使命すなわち「天職《ベルーフ》」とされればされるほど、それは、無価値なうえに、あらゆる場面で矛盾をはらみ、相互に敵対しあうような目標のために、ますます無意味な働きをあくせく続けるということになる、そうした運命におちいらざるをえないのである。[*72]

この無意味化という事態の根本に、ヴェーバーは「死の無意味化」をみた。それは「生の無意味化」を前面に押し出す。[*73] もはや循環する完結した文化ではなく、永遠に続く直線的時間のなかで、目標はさらに「分化」し「多様化」する。それゆえ、限りある人生を「全体」として、あるいはその「本質」をつかみ取ることなど、ほとんど不可能となった。現代人にとって、生きることに「満ち足りて」死ぬことは難しくなった。[*74]

現代人の置かれた生と死の運命について、ヴェーバーはこのように述べる。ヴェーバー自身、かつて仕事上の業績主義に陥り、生きることに疲れかけたのであった。ヴェーバーの場合、そこから救ってくれたのは病気である。たいへん残念ながら現代でも、病気にでもならない限り、仕事上の重荷を軽くすることは難しくなっている。

これは、無駄な手つづきばかり増えて、「ますます無意味」な働きを「あくせく、慌ただしく」続けた先に現れてくる、生きることの意味をめぐる問題である。しかし日々の仕事に追いまくられている現代の天職人《ベルーフ》は、「意味」についての問題を考える暇もなく、ハツカネズミが籠のなかでくるくると回し車を回しつづけるように、あるいは時計のケースのなかで歯車が規則正しく嚙み合うように、ただひたすら働きつづけるのである。

果たしてヴェーバーは、このような「運命」を従容として受け入れるべきだと考えたであろうか。予定説はすべてを神の恩恵に帰すことで、地上の事柄から意味を奪い、人間の感覚的要素を否定するとともに、悲観的個人主義をもたらす。現世の意味を問わないことは、格差問題を含めた現世の不条理も問わないことになるのではないだろうか。

神義論問題

意味問題を現前化させるのは、この世の不条理である。「就職氷河期」に当たって非正規労働や無職を余儀なくされた者にとって、ちょうど親の世代にあたる団塊の世代との格差はあまりに大きい。またその下の世代からすれば、人数の多い第二次ベビーブーム世代を将来少ない人数で支えなければならない。その格差もまたあまりに大きい。つまり、年々、世代ごとに負担は大きくなる。これは当人にとっていわれのない苦難である。その苦難の意味を問うことは、苦難を黙認し是認することではないだろう。

苦難や不条理の意味を問うのは、それが不当だと考えるからである。不当と考える背後には、一定の平等観があるだろう。その基準に照らすことで、不当である、不条理であると感得されるのだ。では、その平等観を支えるものは何か。

その一つが、神や仏や天などの宗教的観念である。「お天道さまに照らして」不条理なのである。その問いに伴って、善なる神の下でなぜ不公平が生じるのか、なぜ不条理が存在するのかという問題も提起されるだろう。その問いかけに（神に成り代わって）それでも神は正義であると述べる議論を、神義論（弁神論）という。

宗教を問わず、信仰をもつ者——現代の東京都区民で「神仏」の存在可能性を肯定する割合は六八・七％である[*75]——にとって、善いことをすれば自分にも善いことがあると考えるのは、広く受け入れられた発想だろう。善因善果、悪因悪果というと仏教になるが、いずれにせよ行いの善し悪しに応じて報いを得るという「応報」思想の一種は、広く世界に認められる。

しかしすべては神が決定しているという立場に立つ予定説は、人の行為とその結果が連関するという観念を否定する。人間がどんなに善行を積んでも、神の決定は変えられない。死ぬ間際になってから慌ててどんなに教会に寄付をしても、生まれる前に地獄に予定されている者は地獄行きとなる。神の決断は、人間の知識ごときで測れるものではない。かろうじて恩恵によって救われた「神の道具」にすぎない人間が、世界の意味を把握できるなどと考えるのは傲岸不遜である、と。

このような説を受け入れた場合、もはやすべてにわたって意味を問う必要はないし、問うてはいけない。それをヴェーバーは「力の節約《ベルーフ》」とも呼んでいる[*76]。では、節約された力はどこで活用されたかといえば、自らの救済を証するための天職労働に他ならない。

もとより、世俗的な観点から平等化を目指すことも可能である。たとえば宗教を否定する社会主義革命においてはそうした理念が支配的になるだろう。ヴェーバーは、『倫理』発表の翌年の一九〇六年の調査で、「そうとう多数のプロレタリア」が「無信仰」と答えたことに触れて、その理由が自然科学的根拠からではなく、現世の秩序の「不公正」を指摘したこと、そしてそう回答したのは彼らが「革命による平均化を信じていたから」だと分析している[*77]。不条理を感得させる契機は、神仏だけでなく、革命による平等化への希望によっても生じるのである。

また、ヴェーバーも言及するドストエフスキーの『カラマーゾフの兄弟』の「大審問官」の物語を語る次兄イワンや、カミュの『ペスト』における医師リウーは、子どもがいわれのない苦難を受けるこの世の不条理に憤る。そしてリウーはこの世界を、そしてイワン・カラマーゾフにいたっては神を肯定できないと明言する。ここでは『ペスト』のリウーに触れておこう。[*78]

ペストの感染によって隔離された都市で、医師リウーや神の正義を信じるイエズス会士パヌルーたちは、協同して医療活動を遂行していた。ある子どもがペストで苦しみ亡くなったとき、見守っていた神父パヌルーは、「まったく憤りたくなるようなことです。しかし、それはつまり、それがわれわれの尺度を越えたことだからです。しかし、おそらくわれわれは、自分たちに理解できないことを愛さねばならないのです」と述べた。

それにたいして医師リウーは、「そんなことはありません」と反論する。「僕は愛というものをもっと違ったふうに考えています。そうして、子供たちが責めさいなまれるようにつくられたこんな世界を愛することなどは、死んでも肯んじません」と。そして、「われわれはいっしょに働いているんです。冒瀆や祈禱を越えてわれわれを結びつける何ものかのために。それだけが重要な点です」と述べる。[*79]

ペストの蔓延による都市封鎖という非常事態のなかで、自らのなすべきことを能動的に選び、自らの職務を全うすることの意義がくり返し描写される小説『ペスト』は、『倫理』との関連でも興味深いが、ここでは、二〇世紀文学の傑作において、神義論問題が発せられ、信仰と使命の意味が問い返され、そして信仰とは別の形で連帯の可能性が示唆されていることを指摘するにとどめよう。神義論は、意味獲得に向けた抵抗である。ヨブは、圧倒的な力を見せつけた神の前に意味の追求を放棄した。予定説にもとづくカルヴィニズムも意味探究を排除した。断念しなかったイワン・カラマーゾフの精神は崩壊した。カミュは『ペスト』で、意味の宗教的探求を断念し、ザッハリッヒに自らの仕事に専念することで粘り強く問題を克服する医師リウーを描いた。

ヴェーバーは、世界の意味への問いが、理念と経験的現実との軋轢から生じると考えた。そうであるなら、意味への問いは、歴史的に特定の状況に埋め込まれた人間が、状況を把握し、個人の問題を社会の問題ともするための回路として保持すべき態度ではないのだろうか。「意味」を問わずに天職《ベルーフ》に専心する世俗内禁欲の態度は、たしかに近代資本主義の精神の原型となったが、それをヴェーバーは目指すべき「模範」とはしていないであろう。

一元化する生

予定説、とりわけ二重の予定説は、一人一人をバラバラな個人にし、それぞれを内面的な孤独に突き落とす。何ものも救済の助けにはならないという厳しさは、感情的・感覚的文化を否定し、世界の脱魔術化を推し進める。信徒は無価値な自己に救いを授けてくれた神を栄化し、その恩恵に感謝して、意味はすべて神に委ねて自らは世界や苦難の意味を問うことなく、ただひたすら神の道具となり神に奉仕を——ただし無謀な仕方ではなく規則的な持続性をもって——捧げる。

こうして予定説は、天国か地獄かの不安を根底に、生活全体を神へと一元化するよう作用した。

予定説は、信徒の心理に強く働きかけることで「神への信頼がもつ排他性」を現出させ、世界を神へと一元化し、脱魔術化を先鋭化させる動力となったのである。

そこでは生き生きとした時間もまた、機械的な時間へと回収されるだろう。それは、正確に刻まれる永遠化する時間であり、個人の有限な人生の時間ではない。生き生きとした時間の取り戻しは、脱魔術化（脱魅力化）[*80]した世界に彩りを加え、世界を「再魔術化」していく潜勢力を秘めているだろう。

しかし、日常生活に埋め込まれたその契機を、脱魔術化する資本の論理がふたたび埋め戻していくという闘争が、日々、一瞬一瞬、くり広げられている。

個々バラバラにされ連帯の契機を奪われた（かに思わせられている）労働者も、直近あるいは将来の孤独死の不安を抱えたまま生きる高齢者から若者までの全年齢層も、出稼ぎに出ざるをえない労働者とその家族たちも、みな、この一元化されつつある闘争に巻き込まれている。その一元化した世界のなかにすっぽりと収まって「ますます無意味な働きをあくせく続ける」ことで「生きることに疲れる」ことのないようにすべきだ、ヴェーバーはそう問いかけているように思える。

予定説がもたらす不安は、『天路歴程』のように、馴染んだ故郷から一人で抜け出す力となった。しかし、抜け出してどこへ行くのか。予定説だけでは、つき動かされてどこに行くかが一定しない。離脱から転じて前進するには、もう一つ、引き入れる力が必要だった。それが、自分が救われていることを行為によって知ることができる[*81]、そうした意味での「確証」思想である。

＊1　非正規雇用労働者は、一九九四年以後ずっと（現在も）増加しつづけている。厚生労働省「正規雇用と非正規雇用労働者の推移」参照。

＊2　内閣府『令和元年版　高齢社会白書（全体版）（ＰＤＦ版）』「第一章　高齢化の状況　第一節　高齢化の状況」内閣府、三ページ

＊3　内閣府『平成三〇年版　高齢社会白書（全体版）（ＰＤＦ版）』「第一章　高齢化の状況　第二節　高齢期の暮らしの動向」、五二ページ。孤立死（孤独死）は定義が確立していなかったため各種のデータを比較しにくく、経年比較が難しい。石田光規は、各種データを慎重につき合わせ、孤立死の増加傾向を明確に抽出している。石田光規、『孤立不安社会』、二〇一−二一一ページ。また単年度ながら、大阪府警が二〇一九年の「事件性がなく、屋内で死亡してから二日以上経過して見つかった独居者（自殺含む）二九九六人」を調査し、高齢者だけでなく男性の「働き盛り層」の割合が高いという深刻な状況が明らかになった。朝日新聞「大阪府の孤独死、七一％が六五歳以上　四〇〜五〇代も一八％」（二〇二〇年二月七日、朝日新聞、朝刊、三面）

＊4　『令和元年版　高齢社会白書』「第一章　高齢化の状況　第3節〈特集〉高齢者の住宅と生活環境に関する意識」、六九ページ。「孤立死」を身近に感じないと否定する人の内「まったく感じない」と全否定する人が、年齢を重ねるごとに増えている点は興味深い（六〇代前半：一九・七％、六〇代後半：二二・五％、七〇代前半：二七・八％、七〇代後半：三二・八％、八〇代以上：三四・一％）。

＊5　『浄土三部経』（上）、二〇五ページ

＊6　『一遍上人語録』、一一〇ページ

＊7　兼好法師、『徒然草』、一五五段

＊8　ノルベルト・エリアス、『死にゆく者の孤独』、八二ページ

＊9　『死にゆく者の孤独』、九六ページ

＊10　『死にゆく者の孤独』、二四−二五ページ

＊11　さいたま市を例に取ると、市が管理する無縁遺骨用合葬施設へ埋蔵される無縁遺骨の累計は、二〇〇二年度の三九八件から二〇一三年度の一二一六件へと、一一年でおよそ三倍に増加した。また、引き取られた遺骨を差し引いた年度ごとの無縁遺骨純増数は、二〇〇三年度の三三件から二〇一三年度の一二〇件へと、およそ四倍に増加した。さいたま市「さいたま市墓地行政の基本方針」（平成二七年）、二二ページ

＊12　『死にゆく者の孤独』、九九ページ

＊13　この表現に、いまは生きていてもいずれ死にゆく身であるという意味だけでなく、ユダヤ系ドイツ人のエリアスが親をアウシュヴィッツで殺されていることも重ねて読

み取りたい。生きている者はみなサバイバーなのである。
＊14　竹内郁郎・宇都宮京子編、『呪術意識と現代社会』を参照。
＊15　この速記録は、当初は筆写され、その後は印刷に付されて販売されて、書物として読まれるものなっていった。カルヴァン、『カルヴァン説教集一』「序」、一二ページ
＊16　『カルヴァン説教集　一』、一一三ページ
＊17　『カルヴァン説教集　一』、一二九－一三一ページ
＊18　『カルヴァン説教集　一』、一六九ページ
＊19　マックス・ヴェーバー、『プロテスタンティズムの倫理と資本主義の精神』、一五三ページ
＊20　『倫理』、一五六ページ
＊21　『倫理』、一四〇－一四一ページ
＊22　『倫理』、一四二ページ
＊23　『カルヴァン説教集　一』、一三三ページ
＊24　ジャン・ドリュモー、『罪と恐れ』、一〇二三ページ
＊25　『罪と恐れ』、一〇三九ページ
＊26　『倫理』、一五六ページ
＊27　ジャック・ル・ゴフ、『煉獄の誕生』、六九ページ
＊28　『煉獄の誕生』、一八ページ
＊29　荒川敏彦、「歴史における理念の作用」参照。
＊30　ジョン・ミルトン、『失楽園』、二三六ページ
＊31　もちろん予定説はその急先鋒だが、予定説だけに限らない。自己の信仰のみで義とされる――いい換えれば他者の祈りでは義化されない――と説く信仰義認論が、他者によるとりなしの祈りとは相容れないのである。
＊32　『倫理』、一八ページ
＊33　『煉獄の誕生』、三四二ページ
＊34　『煉獄の誕生』、三四四ページ
＊35　『煉獄の誕生』、四六三－四七一ページ
＊36　『倫理』、一五九ページ
＊37　ジョン・バニヤン、『天路歴程』、二五ページ
＊38　『天路歴程』、八二ページ
＊39　近世から近代への救貧法の変遷を踏まえ、マルサス、ベンサムの思想における「道徳の強制による貧者の統治」を目指す性質を剔出した議論として、鈴木宗徳「自らを劣っていると認識させることについて」を参照。
＊40　『倫理』、一五八ページ
＊41　ヴェーバーは、ダウデンの英語原文に「神との」（mit Gott）とを付加した。
＊42　Edward Dowden［1900］*Puritan and Anglican*, p.234.
＊43　『倫理』、一八七ページ
＊44　*Puritan and Anglican*, p.234.
＊45　『倫理』、一五八ページ
＊46　オルコット、『若草物語』（上）、三五ページ
＊47　『倫理』、一五七ページ
＊48　Entzauberung の訳語問題については、荒川敏彦「脱魔術

化と再魔術化」、五〇ページ

*49 野﨑敏郎、『ヴェーバー『職業としての学問』の研究（完全版）』、一四五ページ

*50 ヴェーバー『職業としての学問』、一七七ページ

*51 逆に、世界の脱魔術化のなかで予定信仰が生まれ出たともいえる。それは、予定説の祖であるアウグスティヌスよりも以前からの「壮大な過程」なのだから。

*52 「世俗化」は多義的概念であり、別途検討を要する。以下便宜上、カッコを外す。

*53 Hermann Lübbe［1965］Säkularisierung を参照。

*54 「近代化」というより「近代化論」の影響での世俗化概念の理解については、荒川敏彦「宗教とリスクの交錯」を参照。

*55 フリードリッヒ・H・テンブルック、「マックス・ヴェーバーの業績」、二六ページ

*56 『倫理』、九三－九四ページ

*57 ヴェーバー、「世界宗教の経済倫理　中間考察」、一五九ページ

*58 ヴェーバー、「世界宗教の経済倫理　序論」、五八ページ

*59 キリスト教禁欲の「いっさいをあげて献身せねばならない」生き方についてはエルンスト・トレルチ、『ルネサンスと宗教改革』、七四ページを参照。

*60 『倫理』、一五二－一五三ページ。ここにみられるように、ヴェーバーは「予定説」というより、人間に自由を認めず「神が、そして神のみが自由」であるとする思考を問題にしている。したがって予定説だけをあまりに強調しすぎるのは誤解を招く恐れがある。ヴェーバーは「摂理」信仰を含めた神中心思考の典型として、予定信仰を軸に議論を展開している。

*61 『倫理』、七九－八〇ページ

*62 『倫理』、一五二ページ

*63 『倫理』、一五七ページ

*64 ヴェーバー全集の編注は、この箇所についてDexterの著作（Congregationalism）を参照指示しているが、デクスターがあげるのは迷信を防ぐために「祈りも説教もなしに」埋葬するという一八世紀初頭ニューイングランドでの証言であり、「歌も音楽もなしに」という感覚的要素を排除する点に注目したヴェーバーの記述に合わない。MWG I/18, S.281, Anm.26.

*65 『倫理』、一五七ページ

*66 呪術と科学と宗教の三分法の問題について、藤原聖子『「聖」概念と近代』参照。

*67 Schiller, Friedrich, 1966, Die Jungfrau von Orleans, S.168

*68 カルヴァン派の予定説理解そして確証思想の変遷については、大西春樹『イギリス革命のセクト運動〔増補改訂版〕』を参照。

＊69 『「聖」概念と近代』参照。
＊70 「世界宗教の経済倫理　中間考察」、一四七ページ
＊71 「世界宗教の経済倫理　中間考察」、一五六ページ
＊72 「世界宗教の経済倫理　中間考察」、一五八－一五九ページ
＊73 「世界宗教の経済倫理　中間考察」、一五七ページ
＊74 『倫理』、一五七ページ
＊75 詳しくは、『呪術意識と現代社会』を参照。
＊76 『倫理』、一六七ページ
＊77 ヴェーバー、『宗教社会学』、一七八ページ。「世界宗教の経済倫理　序論」、四九ページ
＊78 ヴェーバーによる「大審問官」論については、たとえば内藤葉子、『ヴェーバーの心情倫理――国家の暴力と抵抗の主体』を参照。
＊79 カミュ、『ペスト』、二五九－二六〇ページ
＊80 Entzauberung の語にある Zauber には、魔力と魅力の二重の意味がある。本書終章も参照。
＊81 『倫理』、一七三ページ

第5章

自己コントロールと監視社会化

確証思想の作用

前章の予定説に続いて、本章では確証思想がおよぼした作用について検討する。
予定説を受け入れ自力での救済可能性がなくなるのであれば、
せめて救いの確かさを得たい。その確かさ（確証）は、天職に勤しむことで果たされ、
その証しは、自己だけでなく、他者からも承認されるものでなければならない。
このような自己、他者、両者の「道徳警察」の監視の下で
いっそう自己規律化が強化され、自己を律することができるか／できないかの
二者択一が、その人の人格を評価する指標となってしまう。
この確証思想の作用は、驚くべき現代性をはらんでいると言わざるを得ない。

予定説は、天国か地獄かという二元的世界像を提示して、個人の魂を伝統という大地から引き抜いた。それは、離脱への動力となった。

しかし離脱させただけでは、人びとの行き先は定まらない。予定説は人びとを神へと宙づりにはしても、世俗での生き方までは定めないのである。[*1] 個々人を「勤勉」へと一様かつ強力に向かわせる宗教的動因は、別にあった。必要なのは、離脱させる力に加えて、人を引きつけ方向づけを与える魅力である。

そこで重要なのが、「救いの確かさ」を行為によって知りうると考える「確証」(Bewährung)[*2] の思想である。まずは「確かさ」をめぐる予備考察からはじめよう。

1 職業によるアイデンティティ形成

職業を自己の存在証明にまで高める困難さ

『倫理』の姉妹編『プロテスタンティズムのゼクテと資本主義の精神』のなかで、ヴェーバーはアメリカでの興味深い事例をあげている。耳鼻科で診察を受けるため診察台に横になった患者が起きなおって、「先生、私は某々街の某々バプテスト教会に属する者です」と告げたというのだ。[*3]

鼻の治療と所属教会にどんな関係があるのかといえば、その言葉は「診察代はご心配なく〔私には支払い能力があります〕」という意味なのである。審査が厳格な教会に所属していることが、その人の信用を社会的に保証するのである。

これが、職業を名乗ったのであれば、とくに不思議なことではない。もちろん鼻の治療と職業にも関係はないが、支払いのことをいっているのだなと了解されるだろう。しかし、教会の所属によってそれを保証するという点は現代では意外性をもち、ヴェーバーの関心をひいたのである。

職業は昔から、ただ収入を得るだけではなく、アイデンティティを構成する一つの要素であった。名刺の肩書きには、趣味ではなく、職業について記すのが普通だろう。

じっさい生きる時間の多くは仕事に費やされているし、仕事は人間を育て、いつしかその仕事が「天職」になるという思想もある。内村鑑三は「天職」を探し求める若者に、いまの職業に打ち込むことが「天職」発見の途だと述べたのだった。

たしかにいまでも、高度な技能を修得するには、一事への専念は不可欠である。熟練すればそれを自らの「職業」として、自信をもって他の人に語れるようになるだろう。それは周囲の人から社会的に認められる重要な機会ともなる。診察台に横になってからいう必要はないが、自信と他者による承認は、個人が社会関係のなかで生きるための基盤となるだろう。

しかしそのためには、それなりの期間一つの仕事に携わり、習熟する必要がある。ジークムント・バウマンが現代を「液状化」でたとえ、多くの論者も同様の事態を指摘するように、雇用も家族も不確実な時代になった。現代では、職業を自己の存在証明（アイデンティティ）にまで高めることが、個人の努力だけでは難しくなっている。それは漠然とした不安の源となるだろう。

アイデンティティの揺らぎと自己実現要請

不確実さの増大は、たとえば「非正規雇用」労働者の増大として現れている。それはごく一部の人の話ではない。アルバイトや派遣社員、契約社員、嘱託社員などを含めた「非正規雇用」の労働者は、二〇一九年には男女合わせて二一六五万人、雇用者全体の三八・三%にも達している。[*4]

もちろん、自由な時間や働き方を求めてあえて自らフリーな立場を選び、「正社員」にならない人も少なくない。統計では「自分の都合のよい時間に働きたいから」と回答した人は男女計三〇・六%おり、[*5]しかも増加傾向にある。

ただし問題は、「自分の都合のよい時間」が必要な背景である。言葉の印象とは別に、これは必ずしも「好き勝手にやりたい」という理由ではないだろう。子育てや介護のために正社員の道を断念せざるをえない人、自身が病を負って長時間働けない人、職場のハラスメントや健康を危険にさらす職場からやっと脱出できたという人もいるだろう。そう考えたうえで、四割近くが非正規雇用という現状と、その多く（七五%）が年収二〇〇万未満という現実をみる必要がある。[*6]

その一方、急速に進むＩＴ化は、テレワークなどの働き方を新たに創出してもいる。個人で企業から仕事の委託を受ける請負型の働き方に移行する人は、二〇一九年には一七〇万人と推計されている。[*7]インターネットを介した仕事の個人的・単発的な受注は、ソフトウェア開発、データ入力やテープ起こし、配達、営業などすでに多方面に及んでおり、今後急速に増えていくだろう。

しかしそのような働き方を支える環境は、日本にはまだない。時間の自由がきく働き方を選んだつもりなのに、一定の収入を確保するために長時間労働を余儀なくされる人も多い。しかし彼らは個人事業主とされ、労働基準法による保護が及びにくいという問題がある。

また就職初年度の離職率の高さは、正社員として就職してもいつまでその仕事を続けられるか不安を抱きながら働く人の多いことを示唆する。初年度離職率は、二〇一七年の平均でおよそ七人に一人（一四・九％）、宿泊業や飲食業などではおよそ三人に一人（三〇％）にもなる。*8 五年後、一〇年後の境遇となると、ますます見通せない。

ネットやビジネス誌などでは転職によるキャリアアップが軽やかに語られるが、誰もが上昇できるわけではない。社会的なセーフティネットが不十分である以上、下手をすれば職を失うというリスクに二の足を踏む人は多いのではないか。

現代は、小学生のうちから職業教育に力が注がれるように、職業をとおした自己実現が推奨され、個人の生き方をその方向へと強く後押ししている。にもかかわらず、誰もが職業によって自己のアイデンティティを確立できるわけではない。先にみたように、自己物語は「天職」の語りと相性がいい。仕事での自己実現を推奨する言説が、その矛盾を深化させている。

アイデンティティの基盤を職業に求めることは、近代の大きな流れであった。ピューリタンは職業を召命として仕事に専念したが、その「意図せざる結果」*9 として、世界を資本の論理で合理的に秩序立てるエネルギーを生み出した。その行き着いた先で、皮肉にも職を得るチャンスが狭まりはじめたのである。

「現実」の構成的な理解

そもそもアイデンティティとは流動的なものだと考えれば、確固としたアイデンティティという考えが幻想であり、それを追求したのが失敗の原因だともいえる。もっと経済的にたしかな、生きるために必要なものに焦点を合わせた考え方をすべきだという意見もあろう。現代生活を送るうえで、収入を得ることは必須である。収入を得るための基本的な手段が、労働であることも疑えない。しかし、人はパンのみで生きるわけではない。人びとが抱く幻想によって「現実」がつくり出されるのも一面の真実である。それがたとえ虚構であっても、私たちはその虚構にアイデンティティを求めてしまう存在である。

社会の多面性が顕わにされてくれば、仮象を実体視しない見方は、他者と共に生きる基礎認識となろう。どの人にも、一つのアイデンティティしかありえないなどということはないはずだからである。

とはいえ、巨大企業があっという間に転落する現実をみれば、より強固な基盤がほしくもなるだろう。国家や民族といった集合的カテゴリーに強い期待を寄せ、そこへの帰属を本質的な差異とみなすことで、アイデンティティの確かさを獲得しようとする人もいる。国家に依拠した「自分は○○人だ」という自己認識は、倒産リスクを抱える企業への帰属意識――私は○○社員だ――よりもはるかに強固なアイデンティティの基盤と思えるだろう。現在、世界各地で広がる移民に対する排除の動きは、家族や職業といった従来のアイデンティティの基盤が不安定化して、いっそう強固な観念によりどころを求める流れの一環のように思われる。

しかし考えてみれば、国家や民族も確固としたものではない。その点で、社会的カテゴリーを秩序と行為の相互作用として再構成するヴェーバーの学問はなお示唆的である。

> 日常的思考または法律的（ないし他の専門的）思考に属する、先述の［「国家」「国民」「株式会社」「家族」「軍隊」などの］集合形象は、一部は現実の人間の頭脳に実在し、一部は妥当すべきものとしてある何かについての**観念**である。そして、現実の人間の行為は、こうした観念に**方向づけられる**ということ、さらに、こうした観念はかれの行為の経過の仕方に対してまったく強力な、往々まったく支配的な因果的意義をもつということに注目しなくてはならない。*10

社会的形象の一部は「頭脳」に実在し、一部は観念であるという。それらが行為を「強力」に方向づけるというのである。*11

人間は、自らつくり出した観念に自ら準拠して行為する。ヴェーバーは政治的態度はナショナリスティックであったが、「日常的思考」がもとづく観念を実体視せず、それがあくまで観念（イメージ・想像：Vorstellung）であること、ただしそれは単なる観念にすぎないのではなく、一定の人びとがその観念に準拠して行為することで「現実」が構成されていることに注目するのである。

同様にエスニックな共同体についても、外見的容姿や習俗の類似、植民や移住の記憶などにもとづいて、「われらは血統を同じくする、という一つの主観的な信仰（Glauben）を宿す人間集団」であって、「血の共通性が客観的に存在しようが存在しまいが、問題ではない」[*12]と述べている。ヴェーバーは集合的観念について、その実在をいったん解体する。しかし、人びとはその観念でものを考え、それに準拠して行為する。それによってその観念は社会的形象として成立し、さらにそれに人びとが依拠するようになる。

ヴェーバーは、人びとがどのような理念を信じ、どのような観念に準拠してふるまっているのか、それを解釈しながら行為の意味を理解して、社会秩序の謎を解いていこうとする。理解社会学とヴェーバー自ら名づけた方法が、「理念の作用」を考える方法であることは明らかだろう。

2 「救いの確かさ」と理解社会学

存在の不確かさ

「液状化」する現代と同様に、『倫理』の対象である近世も激動の時代であった。寒冷化し、感染症が流行し、貨幣経済が徐々にものをいい出し、中世的な封建的秩序が崩れ、新興のブルジョアが勢力をもちはじめ、宗教改革で信仰の世界も分裂して、世界像が変容する時代に、人びとが「確かさ」を求めるのは当然といえる。

あらゆる権威や伝統を疑ってたしかな基礎を求めたデカルトの哲学は、そうした時代の苦闘の成果でもあった。ジョルジュ・プーレは、近世思想について次のように表現している。「デカルトの

私は考える（Cogito）に似た何者かが、すでにカルヴァンの**私は信じる**（Credo）のなかにあらわれている、——私は信じる、だから私は存在する」。[*13]

政治や経済など世俗の領域にとどまらず、聖なる領域についても宗派が競って正当性を争う時代、「時間」すら確かなものといえなくなった。この一瞬一瞬の時間的連続も、ただ神の奇跡が支えているのであり、それ以外にたしかな根拠はない。デカルトもこの問いに苦闘したのだった。神への私の信仰から、私を発見する方法的懐疑へ。プーレは、クレドからコギトへと継承された「私」の存在の基礎づけ指向を、一七世紀の時代意識として取り出したのである。

当時、人びとがキリスト者として何よりも求めたのは、他ならぬ自らの救いの確かさであった。自己の存在は、救いにかかっていたからである。そのなかで、二重予定説が明示する滅びの予定は、一般平信徒の不安をかき立て、存在の確かさを求める衝動と結びついただろう。ヴェーバーの盟友エルンスト・トレルチによれば、宗教改革はそうした救いの確かさの問いへの新たな対応であった。

中世からの連続

トレルチによれば、プロテスタンティズムは「救いの確かさ」（Heilsgewißheit）という「古くからの問い」に対する新たな回答として展開されたにすぎない。[*14]

トレルチは、近世の古プロテスタンティズムを中世からの連続として捉える。ヴェーバーも『倫理』で、プロテスタンティズムの世俗内禁欲を、中世の修道士による僧房での禁欲の延長として捉えた。両者ともに、近世を中世からの連続面において捉える視点を有していた。「救いの確かさ」

の問題についても同様である。

トレルチによれば、人びとは救いの確かさを「必要」に迫られて問題にした。[15] では、その「必要に迫られる」のはどのような場合か。それは「地獄におとされる罰」や「人間的・被造物的な力の弱さや無力さ」に対峙し、いかにすれば罪の裁きから救い出されるのか、永遠の至福を与えられるのか、そして地上での「確かな希望」や「心の平安」を得られる可能性はあるのか、という問題に直面したときである。[16]

この問題に、カトリックは教会やサクラメントによる救いを提示してきた。それにたいしてプロテスタンティズムは、「個々人の信仰の決断」をもって回答したのだった。[17] プロテスタンティズムとは、「救い」そのものの獲得ではなく、救いの方法すなわち「救いの確かさ」を求めた運動であったと、トレルチは説明する。

専門人である聖職者によって救いが授けられるのであれば、それは客観的にもみえやすく、誰にとってもはっきり分かる。信徒は救いを「確かに得た」と感じられるだろうし、他者もそれを承認するだろう。しかしプロテスタンティズムの回答のように、確かさの根拠が投げ返され、自己責任化されたとき、救いの確かさへの問いは自己確信と不安とを交互にくり返すことになるだろう。確かさは、どこまでいっても完全には手にできず、近づいても絶えず遠ざかるものとなる。

さらに、煉獄を入れた三項的な世界像を否定して天国と地獄とに二分し、人間の無力さについての認識を徹底させるなら、救いの確かさの問題はますます深刻な問いとなっていくだろう。この点をもっとも鮮明に論点化するのが、カルヴィニズムの二重予定説である。

図と地

この思想状況を平信徒の内面に着目してまとめあげたのが、『倫理』の独自性であった。そのさいヴェーバーは、個人化されたカルヴァン主義者の心象世界を、現世でなく来世にこそ確かさを見いだそうとした当時の思想状況から理解するという方法を採った。ヴェーバーの観点を、力点を変えていま一度引用しておこう。

> 現世の生活のあらゆる利害関心よりも来世の方が重要であるばかりか、むしろさまざまな点で一層確実とさえ考えられていた時代において、そうした〔二重予定説の〕教説を人びとはどんなにして**堪え忍んでいった**のだろうか。かならずや信徒の一人一人の胸には、**私は**いったい選ばれているのか、**私は**どうしたらこの選びを確かなものにできるのか、というような疑問がすぐさま生じてきて、他の一切の利害関心を背後に押しやってしまったにちがいない。*18

ヴェーバーは、まずは二重予定説によって信徒が内面的に孤立化し、それによって個々人が救済の不安をかき立てられ、自己の救いの確かさを求めるようになるという論理を示す。「オランダやイギリスで秘密集会を形成した改革派系敬虔派の信徒たち」にとって、「**それ**〔予定の観念〕**こそ**が、救いの確かさを求めて彼らに集会を作らせたのだ」*19と述べ、予定説と救いの確かさの問題との密接な関連も指摘する。

こうした『倫理』の記述からは、予定説によってはじめて救いの確かさの不安が生じたかのように思えるかもしれない。しかし当時の思想状況の図と地の関係は単純ではない。かねてよりトレルチの指摘によれば、救いの確かさの問いは伝統的なものである。かねてより社会的に広まり、教会が制度的に対処してきたこの問いに宗教改革が一撃を加えた、ということになる。[*20] 二重予定説はそのもっともラディカルな形態であった。

予定説がカルヴァンの「発明」ではなかったように、救いの確かさの問題もカルヴァン派信徒の「発明」ではない。むしろヴェーバーが『倫理』で指摘したのは、救いの確かさを行為によって証明できるという思想が、カルヴィニズムを含む禁欲的プロテスタンティズムに共通するという点であり、それが平信徒をつき動かす論理の根幹であるという点であった。

ヴェーバーの議論のポイントは、当時の平信徒個人の内面を状況から解釈し、そこに動機理解のメスを入れたことにある。いかなる内面の論理が「救いの確かさ」への関心を押し上げるのか。『倫理』は信徒の内面的衝動のメカニズムを解釈した。その解釈が、従来ただ現象として知られていたにすぎない、プロテスタントの多い地域で経済的発展がみられるという傾向[*21]について、その歴史的形成のメカニズムを宗教的要因から分析する『倫理』の基盤となっている。

「主観」の理解

信徒たちが抱いた「確かさ」への不安に、カルヴァン自身は堅忍な信仰で対応できた。堅忍な信仰をもてること自体が、「自然の地位」ではなく「恩恵の地位」にあることを示すのである。それ以上を「行動によって」[*22]知ろうとするのは不遜な試みでしかない。

しかしカルヴァンの弟子たち、さらにはその教えに浴す多くの「日常生活者」にとって、自己の主観的な堅忍ではいかにも不確かであるように思え、不安をぬぐい去れない。

彼らにとっては、恩恵の地位にあることを知りうるという意味での「救いの確かさ」»certitudo salutis«が、どうしてもこの上もなく重要なことになるほかはなく、こうして、予定説を固持した地方ではどこでも、「選び」に属しているか否かを知ることのできるメルクマールの問題が、なくてはすまされぬことになっていった。[*23]

予定説の下では煉獄が否定され、親しい人を早く昇天させてあげるための行為は否定される（脱魔術化）。視点は「自己」へ向かわざるをえない。カルヴァン自身はいざ知らず、多くの平信徒は、日ごろの自己の生活態度をみつめたとき、自分が完全だとはとてもいえないと思っただろう。しかし動揺すること自体が、恩恵の地位にないことの証しともなりうる。取りうる立場は、自分は救われているのだと強く信じるか、救済のメルクマールを得るかのどちらかとなる。

救いの確かさの希求は、ここで「主観性」の問題に直面している。自らの主観によって確立される信仰は、どこまで確かなものといえるのか。教会が救済を保証するカトリックと異なり、これは「信仰のみ」によって立つプロテスタントが抱えた難題であったろう。[*24]

ただしルター派はその後、教会の救済施設的な性質を前面に押し出した。そのため「救いの確かさ」への問いを、それ以上積極的に展開する必要性は小さくなった。[25] ヴェーバーは、「われわれにとってきわめて重要な、キリスト者の救いをその天職《ベルーフ》労働と日常生活のなかで**確証する**というカルヴィニズムの中心思想は、ルターの場合はるかに背景に退いている」[26]と述べる。ルター派信徒は教会を通して、自己が「教会の活動の客体（Objekt）であり、それに護られている」と感じることができた。[27]

組織の「客体」となることは、一つの安心につながるだろう。カルヴィニズムが、救済のための人間的手段を拒否して永遠の不安を抱え込み、一人一人が「選ばれた者」としての意識をもって自ら「神の道具」として自らを律し、あらゆる活動の「主体」となっていくのとは対照的である。

救済施設としての教会をもつカトリシズムは、組織的に安心を提供する。救いの確かさの問題が『倫理』ではじめて言及されるのは、第一章の注のなかである。注ということもあってあまり注目されないが、『倫理』全体の議論にかかわる重要な注であろう。

修道士の場合に**完全に欠如していた**ものこそが、われわれにとってはまさに決定的となる。すなわち、禁欲的プロテスタンティズムに特徴的な、[28] 天職《ベルーフ》のなかにある自己の救いの確証（Bewährung）という思想、すなわち天職《ベルーフ》のなかの救いの確かさ（certitudo salutis）という思想がそれであり、だからまた、そうした宗教性が「勤勉」»industria«にあたえる心理的褒賞がそれである。[29]

ここでヴェーバーは、ただ「救いの確かさ」の思想に言及しているのではない。救いを確証する方法が天職《ベルーフ》のなかにあると考えること、すなわち天職を遂行することによって救いの確かさを得ることができると考える、そうした宗教思想の形成と作用が「決定的」だというのである。そのように世俗の職業と結合した宗教性が、「勤勉」[*30]であるよう自己を持続的に律する――三日坊主では救いの証しにならない――心理的動機づけとなったと解釈するのである。

3 自己の目――自己審査

では、天職《ベルーフ》における確証と、宗教性の心理的褒賞は、どのような論理で救いの確かさを得させてくれるのだろうか。ヴェーバーは、「内心の苦悶」に陥った信徒たちへの対処法は多様であるとしながらも、とくに二つの類型を特徴的に抽出する。主観的な方法と客観的な方法である。

確かさの主観的獲得

一つ目は、あくまで主観的な標識である。「自分は選ばれているのだとあくまでも考えて、すべての誘惑を悪魔の誘惑として斥ける」道である。[*31] もちろんこれでは、真の意味で主観性の問題を克服できたとはいえないだろう。しかしこの回答も、強烈な自己確信をもつ「主体」をつくりあげるのに力を貸すことができる。

自己確信のないことが恩恵の欠如だとみなされるなら、それは内面の信仰心だけでなく外的結果として表出するだろう。誰しも自分に恩恵がないと思いたくはない。自らの「召命」(Berufung)に「堅く立て」との使徒の勧めが、彼らには、自己の選びと義認を確信する「義務として解釈された」。[*32]

この義務感に従って「日ごとの闘い」が実践され、個人は「資本主義の英雄時代の鋼鉄のようなピューリタン商人」にみられる「あの自己確信に満ちた「聖徒」」に鍛えあげられていくのである。[*33]『倫理』冒頭で問われた「ブルジョワ的階級そのものがほとんど空前絶後ともいうべきヒロイズムを展開したのは、いったいなぜだったのか」[*34]という問いへの回答の一端がここにある。もちろんヴェーバーは、「英雄」を賛美しているわけではない。

自己の目

より確かな救いの証しのためには、「恩恵の地位」をチェックする必要がある。そのチェック手段の一つが「信仰日記」である。

ここでヴェーバーの念頭にあるのは、特定の形式の日記ではない。ヴェーバーは「罪や誘惑、恩恵による進歩」などを「継続的」に記入するものや「表形式」にしたものなどをあげている。信仰日記については、柔軟に考える必要があろう。[*35]

ここでヴェーバーがいう「恩恵による進歩」とは、商売の成功であったり、家族の栄達だったり、病気の治癒であったりするだろう。山室信高は、トーマス・マンの小説『ブッデンブローク家の人びと』のなかで、当主が「プレスした厚紙のカバーがされている金縁の帳面」に種々の事柄を書きつけている場面に触れ[36]、その記帳が「自らの信仰のありようを審査するその種の記録の役割も兼ねている」として、『倫理』の議論との接続を試みている[37]。

ヴェーバーによれば、カトリックでは日々の記録を「懺悔の聴聞を欠けることなく行うため[38]」などに用いた。それに対して改革派では、自分自身を審査（コントロール）するために、日記を用いた[39]。すなわち、信徒は「自分で「自分の脈搏をみた[40]」」のである。

ヴェーバーはこのチェック法による自己審査を、ベンジャミン・フランクリンの「十三徳」の修得方法になぞらえている。フランクリンは、徳目を表の形式にすることで方法的に、遺漏なく自己の徳目修得を審査したのである[41]。

『倫理』でのフランクリンといえば、「時間は貨幣である」「信用は貨幣である」と貨幣に換算して計算する指向が、「資本主義の精神」の理念型構成のさいに取りあげられていた[42]。しかし、そうした「計算癖」が問題なのではない。「資本主義の精神」のフランクリンと、孤独な巡礼を描写したバニヤンの『天路歴程』とは、自己審査という点でつながってくるのである。

長い伝統をもつ「神の記帳」という考え方が、『天路歴程』では「罪人と神の関係」を殺風景な「顧客と店主の関係」でたとえられている[43]。わずかな過失も許されない以上、フランクリンの表形式による徳目の身体化は、非常に有効な規律化の方法といえる。彼らは懺悔による赦しの手段を否定し、自らを律しつづける緊張した生き方へと導かれたのである。

しかも後期ピューリタンは、「自分の行動ばかりでなく、神の行動さえもチェックして、生涯のあらゆる出来事のうちに神の指をみた」という。ここまで来ると、カルヴァン派の平信徒は「カルヴァンの真正の教説とは異なる」[*44]道へと歩み出すことになる。

安住の地の否定

こうした自己統御に囲まれた生活は、不安が解消されていないことの証しともいえる。しかしピューリタンは、逆説的ながらそれをこそ望んだのかもしれない。というのも、富の所有の上に安住し休息することが、怠惰であり悪徳とされたからである。

信徒の視線の先にあるのは、現世ではなく来世である。現世での生涯にわたる生活態度の規律化こそが重要なのだ。ヴェーバーはバクスターを参照しながら、「地上では、望むことがなくなるほどに満足するようなことはありえない」[*45]と、その精神をまとめている。これは、前進しつづける勤勉（インダストリア）の精神に通じている。

信徒は、救いの確かさをどこまでも確証しつづけることが義務づけられている。そのため牧会は、信徒に対する魂の配慮（Seelsorge）をどこまでも実践しつづけなければならない。

4 他者の目――相互監視

確かさの客観的獲得

確かさを得る方法の二つ目は、客観的な標識である。[*46]何らかの客観的な指標は、確かさへの不安をめぐる主観の循環から抜け出す契機となる。信徒はより強く、救いの確かさを立証できるだろう。

さてその客観的標識こそが、「絶えまない天職《ベルーフ》労働をきびしく教え込む」ことであった。「天職《ベルーフ》労働によってのみ宗教上の疑惑は追放され、救われているとの確信が与えられる」というのである。[47]労働に打ち込むことの禁欲的効果は、規則に従って「祈り、働け」のモットーを実践してきた中世の修道院の錬成＝禁欲[48]においてすでに実証済みである。この伝統的手段が、禁欲的プロテスタンティズムによって、世俗内での天職《ベルーフ》実践へと移し換えられたのである。

ただし、天職《ベルーフ》といっても、それは賃労働だけを指すのではないだろう。信徒にとっては生活のすべてが問題なのである。したがって「真の信仰」を確実に識別する指標は、いわゆる仕事のみならず、「神の栄光を増すために役立つようなキリスト者の生活態度（Lebensführung）[49]」すべてである。

選ばれた者だけが真に「有効な召命」をもち、生活全体を聖化できる。その全生活をとおして、「真の善行[50]」によって神の栄光を増し加えることができる。自分が生まれたままの「自然の地位」ではなく、救われた「恩恵の地位」にいることを確かめるには――実践的には「自分で救いを造り出す」のだが――、「不断の反省によって導かれる生活」以外にない。デカルトの「私は考える、ゆえに私はある」の語は、不断の反省にもとづく生活という意味で倫理的に意味転換された。[51]反省できるのも、神の助けがあればこそ可能となる。滅びに定められた者は、反省などしないというわけである。この立場に立てば、善き行為が可能なのは神が働きかけてくれるからだと、そう意識されるだろう。

しかし、自分が天職《ベルーフ》に励めているかどうかも不安になる。これについては、バクスターが示した天職《ベルーフ》の「有益さの程度」で測るという考え方が答えてくれる。

バクスターによれば、第一に重要なのは道徳的規準であり、第二に生産する財の「全体」にたいする重要度、そして第三に、私経済的「収益性」だという[*52]。

ヴェーバーは、実践という点からみて、道徳性や公益性よりも、第三の私経済的な収益性という指標が信徒にとって一番重要なものになったと解釈する。福音書で語られた、主人から預かった資金を死蔵して追放された下僕の教訓のように、聖書は「富」を増やすことを「命令」している。問題視されたのは、「富」の死蔵であり、リスクにたいする臆病と怠惰であった[*53]。

収益は数値化でき、客観的な形に可視化できる。天職《ベルーフ》義務を果たせているかどうかのメルクマールとして、自他ともにこれ以上に明白なものはないだろう。しかもその数値の追求は、時間的には生涯にわたり、量的には無限である。どこまでも勤勉であるべき信徒にぴったりである。

他者の目

ところでピューリタンといえば、岩のように堅固な「主体」のイメージがあるだろう。一般に『倫理』のピューリタン像もそう理解されているし、デヴィッド・リースマンが『孤独な群衆』で描く羅針盤をもって進む自己指向的な性格類型の一例としてのピューリタンもそうだろう。

たしかにヴェーバーも『倫理』で、ピューリタンの「自身に満ちた[*54]」姿、「空前絶後のヒロイズム」を理念型として描く。しかし、すでにみてきたように、その自律の背後にはつねに不安がつきまとっている。権威におもねらず、困難に直面しても己を持する、強固な「主体」が形成されていくその過程の宗教的側面を、ヴェーバーはみようとしている。

救済の確かさをめぐる不安は、己独りで解消し切れるものではない。自己統御できることが選びの自信になるとしても、選ばれた者というアイデンティティは、他者から承認されることで確固たるものとなるのではないか。だとすればここで、主観性は相互の審査による相互主観性へと展開するだろう。各自の業績を確認するのは、お互いの目なのである。

たとえば、敬虔派のツィンツェンドルフによる「義認を与えられた者は必ずしも自分では知りえないが、他人はその行状によって彼の義認を知ることができる」という見解を、ヴェーバーは「まったくピューリタン風の意見」と紹介している。[*55] 自分よりも、他者の方が、その行状をよくみているということはある。

この点で、「絶えまない天職《ベルーフ》労働」が救いの確かさの立証法とされたことは注目に値する。それは、単に労働による生産性が向上するといったこと以上の意味、すなわち他者のまなざしによる他律の契機をもっている。天職《ベルーフ》労働にどう励んでいるかは、他者も観察することができる。それは、他者からの承認につながるだろう。

フランクリンは、信用は貨幣であるとの金言に続けて、「朝の五時か夜の八時に君の槌の音が債権者の耳に聞こえるようなら、彼はあと六ヶ月延ばしてくれるだろう[*56]」と記した。信用は貨幣であるということの意味は、単に「資本主義」的に有利な行動の指針を提示したわけではない。その提言は、他者のまなざしの社会的意味を示している。そのまなざしにされされているからこそ、仕事に勤しむのである。

選民か破門か――道徳警察

以上のような他者からの承認の必要性は、「選ばれた者」だけからなる共同体を形成する動因となる。

そこにあるのは、すべての人を救済してくれる「キルへ（教会）」の原理ではなく、宗教上の有資格者すなわち恩恵の地位にあるかどうかを審査し、メンバーの投票で入会を許可する「ゼクテ」の原理である。この点を集中的に論じたのが、『プロテスタンティズムのゼクテと資本主義の精神』であった。『倫理』論文とこの『ゼクテ』論文とに一貫して流れる点が、救いの確かさにかんする確証の問題であることは、ヴェーバーの「資本主義の精神」論を考えるうえで重要である。*[57] 『ゼクテ』論文では、ゼクテ成員同士による審査が、規律化への一つのポイントである。そこで「仲間のあいだで社会的に自己を保持する必要くらい、陶冶手段として強力な手段はない」と述べ、確証思想の作用を次のようにまとめている。

> 褒賞《プレミアム》は「確証」につけられていた。すなわち、ピューリタンの**あらゆる**宗派（デノミネーション）においては、救いを確かなものとする意味で神の前で「確証」することに、また、ピューリタン**諸ゼクテ**の内部においては、社会的に自己を保持する意味で人間たちの前で「確証」することに、褒賞がつけられていた。この二つの「確証」は、同じ方向へと向かって作用し、互いに補い合った。両者は、近代資本主義の「精神」が、その特殊な**エートス**すなわち近代**市民層**のエートスをはばたかせるのに力を貸した。とりわけ秘密集会およびゼクテの

形成は、家父長的・権威的な束縛を根こそぎ粉砕しながら、また、人は人間よりも神に従わねばならないという命題を自己流に解釈転換しながら、近代「個人主義」のもっとも重要な歴史的基礎の一つを形成したのだった。*58

予定説が神への信仰の排他性を内包していたように、確証の思想も「人間たちの前で」の不断の審査によって自他を選別し、結束した関係を結ぶよう作用した。相互監視による承認と否認の世界である。生活に瑕疵はないか、怠惰だと指弾されはしないか。入会拒否と破門の恐れを抱きながら、成員は自己保持へと動機づけられる。

個人はそれぞれのゼクテの基準で、あくまで個人として、選ばれた者にふさわしい生活態度を一貫して送れているかどうかが問われる。首尾一貫した生き方が強く問われたとき、一つの過失はその全人格の信用を崩壊させるだろう。ちょうどバニヤンが、借勘定になるともはや元金は返せないと述べたように。

ここではそうした緊張の事例として、二重予定説とは異なる原理から脱魔術化し生活態度を合理化していったバプテスト系ゼクテの例をみておこう。あるジェネラル・バプテスト教会の破門の例である。

たとえば、一六五〇年代の破門の理由をみてみよう。「二重予定説を説いた」とか「クエイカーへ〔の改宗〕」といった教義や宗派上の問題を理由にした破門もあるが、ある人は「召命（職業）を蔑ろにし、怠惰のうちに歩む」という理由で破門され、ある人は「主人や父の同意なしに逃走、同棲」と破門され、ある人は「週の初めの日スポーツ、娯楽をした」と破門され、ある人は「娘が働けるのに留め置いた」と破門され、ある人は「不信者を夫にしようとした」と破門され、ある人は「職業に怠惰、負債返済せず、断食・祈禱日にフットボールの主催者になった」と破門された。[*59]

この例からは、当時の「ゼクテ」型教会が、教会規律とともに、「風紀」の問題や「労働」の問題（その裏返しとしての怠惰の排斥）を重視していたことが分かる。改宗して他のゼクテに移籍した信徒はおくとしても、そうではなく破門された者の、その後の生活はいかばかりであったろう。

重要なことは、ゼクテへの加入が自発的であることだ。キルへであれば、人は生まれたときに自動的に加入している。しかしゼクテは、意識的に自ら審査を受け入会するのである。ゼクテのこの自発性が、規律化の作用を強力にする。キルヘ型の「国教会の権威的道徳警察の作用」とゼクテ型の「自由な服従のうえに立つゼクテの道徳警察の作用」とのあいだには巨大な差異があるのである。[*60]

主観的な確かさだけでなく、天職《ベルーフ》労働や収益性といった客観的な指標を手に入れ、他派から「行為主義」「業績主義」と批判されながらも、他者の目による相互監視の世界で、自発的に服従して、自ら道徳警察の機能も担い、この上ない自己規律化を展開する。この緊張こそが、カルヴァン派からバプテストまで禁欲的プロテスタンティズムに共通するエートスの根底にある。

5　予定説による解放、確証思想による誘導

自助の精神――予定説からの逸脱

信徒の善行は、救いを獲得するための手段ではなく――それは魔術的な所業だ――、あくまで選ばれていることを知るための印にすぎない。それは救いの「実在根拠」ではなく、あくまで救いの「認識根拠」である。*61

しかし、信徒自身の篤い信仰が、結果として何をもたらしたのか。平信徒を駆り立てる心理的衝動を解釈したヴェーバーは、次のように述べた。

> しかしこれは、実践的には、根本的に見て、神は自ら助ける者を助けるということを意味する。つまり、往々いわれるように、カルヴァン派の信徒は自分の救いを――正確には救いの**確かさ**を、といわねばなるまいが――**自分で「造り出す」**のであり、……**どんな時でも**、選ばれているのか棄てられているのか、という二者択一（Alternative）のまえに立つ**体系的な自己審査**によって造り出すのだ。*62

この引用箇所は、『倫理』の一つの山場である。天職《ベルーフ》の遂行による救いの確証は、あくまで実在根拠のはずであった。しかしここでヴェーバーは、予定説からもう少しではみ出すギリギリまで飛

躍していく論理を跡づけている。

二重予定説を厳格にとれば、天職《ベルーフ》労働も一つの人間の行為であり、その行為によって救済を確かめられるといった考えは、逸脱とみられてもおかしくはない。

あるいは信仰の内面性を重視する立場、たとえばルター派からは、このようなカルヴィニズムの思索が「業績主義」（Werkheiligkeit）*63として非難された。行為によって「自分で自分の救い（の確かさ）を造り出す」という思考にたいし、それは信仰義認の立場に反するのではないかという疑念を抱くのは当然であろう。

自己の選びの確信は、当人の選民意識を醸成し、選ばれた者としての責務を自覚させるだろう。自分が選ばれるために、ではなく――すでに選ばれているのだから――、神の栄光を増すために、この世を神の秩序にふさわしい合理的な世界へと造りかえる義務を負っている、と考えるようになる。選ばれた者は、恩恵への感謝と喜びを抱いて、来たる世を思いながら現世を改造する「主体」となって生きるのである。救済の不安を克服するために、「選ばれた聖徒」にふさわしい行為へと駆り立てられる。

恩恵による選びの教説によって解き放たれた聖徒たちの行為への切迫力は、ひたすら現世の合理化への努力となってほとばしり出た。*64

ヴェーバーが予定説を孤立した教理とせず、救いの確かさを求める思想との関連で捉えていることとが分かる。

『倫理』の第一章は、この時代にブルジョアが英雄的にふるまったのはなぜか、という問いからはじまっている。*65 第二章に入ると、予定説の作用によって孤独になった信徒たちを描く一方で、その孤独な信徒が無比の組織力を誇ったのはなぜか、という問題が提起される。信徒の行為を積極的に方向づける吸引力としての「確証」の思想こそが、特殊なエートスを形成し、選民意識に基づき、組織の規律に厳格な仲間（ゼクテ）を形成するのである。

確証による方向づけ

こうしてヴェーバーは、自己の「救いの確かさ」を「知る」ことができるという確証思想について、次のようにまとめている。

> こうした生活の聖化は、ほとんど事業経営の性格をさえもつものとなりえた。全人間存在のしつこいほどのキリスト教化は、このようにカルヴィニズムが、ルター派とはちがって、倫理的な生活態度に強制したその**方法**の帰結だった。カルヴィニズムの作用を正しく理解するためには、そうした方法こそが人びとの生活に決定的な影響をもたらしたのだという事実を、たえず念頭においていなければならない。そして、ここから二つのことが帰結してくる。すなわち、一つはこの際立った特質によってはじめて〔生活態度の合理化という〕ああした影響が生じえたということ、いま一つは、他種の信仰ももしこの決定的な点、つまり確証の

思想をとおして、同様な倫理的刺激をもったとすれば、同一の方向に向かって作用せざるをえなかったということだ。*66

『倫理』に刺激され、その視点を応用した研究は数多い。とくに「予定」信仰や「被造物神化の拒否」「脱魔術化」などは注目されてきた。

しかし、「禁欲的プロテスタンティズム」のすべてが二重予定説を採ったわけではない。ここで「他種の信仰」にも敷衍化可能な作用因として重視されているのは、天職《ベルーフ》思想でも予定説でもなく、そう実践すれば確かさを得られると人びとの行為を積極的に方向づけていく、誘引としての確証思想なのである。

予定説による孤独化や脱魔術化は、伝統主義からの離脱の契機にはなるが、それだけではどこへの指針は得られない。「救われていることを**知りうる**」という意味での「救いの確かさ」*67の問題が、行為によって確証できるとされたとき、広汎な平信徒たちの生き方を一定の方向へと導いていったと考えられる。

自己の存在の不安に陥った人びとが、救いの確かさを求めて、自己コントロールと自助の精神を展開した。それは、現在と将来の生活に不安を抱え、家族も職場も個人化が進み確かさがみえないなかで自分は何者なのかと戸惑いながら、目前の感情労働に心をすり減らし、自助という名の自己責任論で処遇される、そんな現代の私たちの姿を予兆してはいないだろうか。

＊1 もちろん「恩恵による選び」であるから、神の恩恵に生きるよう促すのは大前提だが、ここではより世俗的なことについて考えている。

＊2 動詞形は **bewähren** である。なかに **wahr**（真実の）があることからうかがえるように、この語は「真であることを証する（**als wahr erweisen**）」ことを意味する。**seinen Ruf bewähren** とは「評判にたがわないことが分かる」という意味になる（以上、相良守峯『大独和辞典』博友社、参照）。『倫理』で取りあげられているわけではないが、**Beruf** はその根に「うわさ」や「評判」をも意味する **Ruf**があり、**bewähren**との親近性は天職《ベルーフ》思想と確証思想との関連を想起させるだろう。動詞 **berufen** には「或人を取りざたする（ほめる、けなす）」の意味もある（同『大独和辞典』）。信徒の真面目な生活態度が実際に評判にたがわない優れたものであると自他ともに証明され、それゆえ恩恵の地位にあることが自他ともに証明されることとなる。

＊3 マックス・ヴェーバー、『プロテスタンティズムのゼクテと資本主義の精神』、八七ページ

＊4 総務省統計局、「労働力調査（詳細集計）二〇一九年（令和元年）平均（速報）」

＊5 同、「労働力調査（詳細集計）」

＊6 朝日新聞、「年収２００万円未満が75％　非正規のリアルに政治は」（二〇一九年六月一八日付、朝日新聞デジタル）

＊7 朝日新聞、「請負型の働き手は一七〇万人、初の試算　厚労省検討会」（二〇一九年四月一二日付、朝日新聞デジタル）

＊8 厚生労働省、「平成29年雇用動向調査結果の概況」

＊9 『倫理』、一三四ページ

＊10 マックス・ヴェーバー、『社会学の基礎概念』、二一ページ

＊11 「国家」については、『社会学の基礎概念』、四〇ページ

＊12 マックス・ヴェーバー、「種族的共同社会関係」、七一ページ

＊13 ジョルジュ・プーレ、『人間的時間の研究』、一四ページ

＊14 エルンスト・トレルチ、「近代世界の成立にたいするプロテスタンティズムの意義」、五一ページ

＊15 「近代世界の成立にたいするプロテスタンティズムの意義」、五一ページ

＊16 「近代世界の成立にたいするプロテスタンティズムの意義」、五一ページ

＊17 「近代世界の成立にたいするプロテスタンティズムの意義」、五一ページ

＊18 『倫理』、一七二ページ

＊19 『倫理』、一七五ページ

*20 もちろん、予定説もまたアウグスティヌス以来の古くからの問題であった。

*21 『倫理』、一六ページ。この点を指摘する一文で『倫理』は始まっている。

*22 『倫理』、一七三ページ

*23 『倫理』、一七三ページ

*24 正確には、「救済アンシュタルト的な性質」とヴェーバーは指摘する。アンシュタルトは、生まれながらにそこに入るという点が特徴である。

*25 『倫理』、一七七ページ

*26 『倫理』、一二四ページ

*27 『倫理』、一七七ページ。後に敬虔主義が、ルター派の信徒に「救いの確かさ」の問題を意識させたのだとヴェーバーは指摘している。『倫理』で敬虔主義が禁欲的プロテスタンティズムの一角を占める理由は、この「救いの確かさ」への意識にある。

*28 つまり、カルヴィニズムのみに特徴的なということではない。カルヴィニズムだけでなく、「禁欲的プロテスタンティズム」における確証や救いの確かさの思想こそが、『倫理』の議論に「決定的」なのである。

*29 『倫理』、八九ページ

*30 ここでヴェーバーは、ドイツ語の「勤勉」(Fleiß) ではなく、ラテン語でしかもカッコつきで »industria« と書いている。大塚訳では原語のまま表記され日本語に訳されていないが、これは意図的な配慮であろう。「インダストリーのエートス」の現代的問題については、鷲田清一、『だれのための仕事』参照。

*31 『倫理』、一七八ページ

*32 『倫理』、一七八ページ。ヴェーバーはここで信徒の解釈として言及している。理念の作用は、上からの作用としてでなく、それを受け取る側の条件の問題として考えられている。

*33 『倫理』、一七八ページ

*34 『倫理』、一九ページ

*35 『倫理』、二一三ページ

*36 トーマス・マン、『ブッデンブローク家の人びと』上、七一ページ以下

*37 山室信高、「ブッデンブローク家の倫理と資本主義の精神病」、七六—七七ページ

信仰日記については、狭義の「信仰日記」の史料発掘による実証的な考証が進められている。だが、予定説やそれに付随した不安などが日記に書かれているか否かは、信徒が日記を活用して自己の生活を律することとは別問題である。たとえば神への「感謝」ばかりが記されていたとしても、『倫理』の議論とまったく矛盾しない。Kaspar von Greyerz, "Biographical Evidence on Predestination, Covenat, and Special Providence"、山本通『禁欲と改善』参照。

ただし、ヴェーバーがどのような資料を参照して信仰日記について記述したのかは不明である。トーマス・マンが、家族の記録などを記したマン家に伝わるルター訳聖書をモデルにしたことを思うと、帳面や聖書の裏表紙などに事件を記録する行為は、一定の人びとにはよく知られていた馴染みのことだったのかもしれない。

日本でも、「暦」の欄外にその日の出来事を書き込むことがある。現代普通にみられる予定（スケジュール）の書き込みではなく、すでに生じた出来事の記録である。もちろん信仰日記と目的は異なるが、そのような記録を残す人びとの心性は興味深い。近代日本の暦をめぐる脱魔術化の過程には、以下で少し触れた。荒川敏彦・下村育世、「戦後日本における暦の再編（1）」

*38 『倫理』、二一三ページ。神父や聴罪師はこうした日々の懺悔からも、教区住民のさまざまな秘密を知ることとなる。

*39 『倫理』、二一三ページ

*40 『倫理』、二一三－二一四ページ。この表現にヴェーバーは引用符をつけているが、シュネッケンブルガーの著作に似た表現がある。MWG I/18, S.338.

*41 『倫理』、二一四ページ

*42 『倫理』、四〇－四三ページ。この「計算癖」を「経済のための一手段から**全生活態度の原理**」にまで高めた。『倫理』、二九七ページ

*43 『倫理』、二一四ページ

*44 『倫理』、二一四ページ

*45 『倫理』、二九六ページ

*46 『倫理』、一八四ページ

*47 『倫理』、一七九ページ

*48 「禁欲」と訳されるアスケーゼ（Askese）概念の意味については、戸田聡、「M・ヴェーバーにおける「禁欲」「修道制」概念」を参照。

*49 『倫理』、一八四ページ

*50 「真の」だが「善行」にはさまざまな形がある（Werke と複数で書かれている）。

*51 『倫理』、一九七－一九八ページ

*52 『倫理』、三一〇ページ

*53 『倫理』、三一一ページ

*54 『倫理』、三一九ページ

*55 『倫理』、二四三－二四四ページ

*56 『倫理』、四一ページ

*57 確証思想の重要性については、安藤英治『ウェーバー歴史社会学の出立』を参照。

*58 『ゼクテ』、一一二ページ

*59 大西晴樹、『イギリス革命のセクト運動　増補改訂版』、二五八ページ

*60 『倫理』、二八五ページ

*61 この認識根拠が反転して実在根拠とされていくことの問題について、折原浩、『マックス・ヴェーバー基礎研究序説』、二四一－二四九ページ、三一四－三二六ページ。

*62 『倫理』、一八五ページ

*63 礒山雅によれば、バッハは自分のつくった曲を「作品」（Werk）とはほとんど呼ばなかった。礒山はここに「作品」概念の史的展開を見いだし、楽曲を作曲家の静態的な「作品」と無前提に考える現代的思考との違いを指摘している。その意味深い考察について、蛇足ながら『倫理』の文脈を付加し、業績主義（Werkheiligkeit）に対するルター派の批判を踏まえたとき、ライプツィヒの厳格なルター派教会の教会音楽家であったバッハが、天職義務《ベルーフ》の結実をWerkと称しないことの宗教的背景も考えられるように思われる。礒山雅、『「救済」の音楽』、三三－四四ページ

*64 『倫理』、一六九ページ

*65 『倫理』、一九ページ。これは『倫理』冒頭の第一段落である。

*66 『倫理』、二一四－二一五ページ

*67 『倫理』、一七三ページ

終章

生の多様性を取り戻すために

休暇は「消化」するもの？

根本的には、時間と休息が必要である。これは『倫理』執筆のはるか前に、ヴェーバーが仕事中毒に陥った自らの生き方に反省を込めて述べた見解であった。[*1]

まったく同様のことが、現代日本の私たちにも当てはまる。できれば「さて、どうしたものか」と、最初は途方に暮れるくらいの休息がほしい。そのためには、ある程度まとまった休暇が必要だろう。もちろんそれは、思いつきのように数年に一度ではなく、毎年定期的になくてはならない。それは長期の人生のリズムをつくり出すだろう。現在の長期休暇といえば盆と正月だろうが、年末年始などは忙しく、あっという間に終わってしまう。

もちろん日本でも、有給休暇なるものは設定されている。しかし、二〇一八年の一年間に「企業が付与」した年次有給休暇日数は平均一八・二日で、そのうち「労働者が取得」した日数は九・三日にすぎない。

そもそも有給休暇が一八日しかない以上、長期のまとまった休暇など望むべくもない。[*2]しかも現実には、自分の好きなときに有給を「消化」できるわけではない。さまざまな調整を経て、あちこちへの「迷惑」を意識しながら「消化」することが多いだろう。人件費がカットされて人手が足りなければ、じっさいのところ休むわけにはいかないのである。

だからこそ、法的にも社会的にも長期の休暇を当たり前のことにしていく必要がある。日本でも二〇一九年から、年に五日以上の有給を取得させることが企業に義務づけられた。わずか五日である（されど五日ともいえる）。この取得義務の日数を少しずつでも増やせないものか。二倍にしても

「一〇日以上」で、平均付与日数にはるか及ばないのである。

ヴェーバーは、「資本主義精神」に充たされた人に「休みなく急かすこと」の意味を問うなら、「絶え間ない労働を伴う仕事」が「人生に欠かせないもの」になってしまっているのだと「素朴に」答えるに違いないという。*3 それほどまでに仕事に生きること、より正確には、仕事に駆り立てられて生きること、たとえばPDCAを高速回転させることを「生きがい」と思うエートスを、私たちは身につけている。だが現代日本語でも、そんな生きがいを「天職」というだろうか。その生き方をヴェーバーは、「個人の（ペルゼーンリッヒな）幸福の立場から見ると」――と立場を明示して――「まったく**非合理**」ではないのかと問うのである。

ここで不可欠と感じられるのが仕事一般なわけではなく、「絶え間ない労働」による仕事であることに注意しておきたい。休まず働く仕事を生きがいとするのと、生活するために働いて収入を得なければならないというのとでは、意味が異なる。ヴェーバーは、休みも意味も感じられない、自己目的化された労働を問題視しているのである。

とにかく働く

ふり返れば、ヴェーバー自身、かつて「何のためか」を考えることもなく、ただ護符のように「仕事に痙攣的にすがりつく」生き方をしていたのであった。予定説で不安を抱き、確証思想で天職《ベルーフ》へと駆り立てられたピューリタンにとって、労働は被造物の営みにすぎない。現代人からすれば労働の「非人格性」といえる事態、すなわち労働が「個々人の立場からみれば喜びの少ないまったく意味のないこと」[4]であるにもかかわらず、それこそが神の栄光を増すとされたのである。

労働は、端的に、何にもまして、神の定め給うた生活の自己目的なのだ。「働こうとしないものは食べることもしてはならない」というパウロの命題は無条件に、また、誰にでもあてはまる。労働意欲がないことは、恩恵の地位にないことの徴候なのだ。[5]

「働かざるもの食うべからず」とは、生活保護バッシングで不当に引かれたりもするのだが、ここで指摘されているのは、富裕な人にも天職《ベルーフ》義務があるという考えである。近代資本主義社会では、労働者だけでなく、経済的には働く必要のない大資本家も働かねばならない。このような労働の自己目的化について、敬虔派のツィンツェンドルフも次のように述べていた。

ひとは生きるために労働するだけでなく、労働するために生きているのだ。労働の必要がなくなれば、苦しく思うか、あるいは寝込んでしまうだろう。[6]

近代人は、勤勉に天職《ベルーフ》を全うして成果をあげることで、観念的にも経済的にも自らの存在を確かめ、生きている。裏返せば、天職《ベルーフ》労働を自己目的とし、それに励まなければ、収入は途絶え経済的に困窮することはもちろん、自らが何者であるかのアイデンティティも見失うことになる。これが、理念の作用によって経済面だけでなく生の全体が天職《ベルーフ》へと一元化された帰結である。

数量化の魔力

フランクリンは「時間は貨幣である」といった。自己目的化した天職義務《ベルーフ》を果たしているとき、時間は生きられる時間ではなく、貨幣と同様に数字と化している。あたかもスポーツのように、ひたすら数の増大を目指す態度の宗教的一面を、ヴェーバーは「隣人愛」の「非人格性」として描き出している。[*7] そこでは中国の異教徒への伝道も人数の問題とされ、彼らが回心して救われるかは副次的だというのである。

さらに現代、私たちの購買傾向、趣味や関心事、活動記録まであらゆることがデータ化され、分析されようとしている。私たちも自ら進んで、または気づかずに、自己のデータ化に協力している。[*8] いつしか私たちが目にする情報は、自分の嗜好に沿ったものばかりとなるかもしれない。それはきっと面倒なことも不愉快なこともない、便利で楽しく魅力的な世界なのであろう。

しかしそこに、藤田省三のいう「安楽への全体主義」の進展をみることは難しくない。藤田によれば、不快なことに触れずに済むようにそれを根こそぎ一掃してしまおうとするこの態度がもたらすのは、忍耐や工夫や持続などさまざまな徳の総合としての「喜び」の喪失である。[*9]「選ぶ」という行為すら面倒だという不快一掃への態度は、物だけでなく、情報にも、さらには人にも向かいかねない。

数値データの分析は、異教を含めた現世の多様性を奪い去り、新たな秩序を形成するだろう。「数のロマンティシズム」は、「抗しがたい魔力＝魅力（Zauber）」をもって働きかけてくるとヴェーバーはいう。[*10] 魔力の内実を変容させながら、脱魔術化の過程とともに再魔術化が進展している。[*11]

殻の生成

このようにみてくると、ヴェーバーの思想はどうにもペシミスティックで運命論的にみえるだろうか。じっさい、そう評されることも多い。『倫理』末尾の筆致は、そのようなヴェーバー理解を裏づけるものとされてきた。すなわち、「ピューリタンは天職人《ベルーフ》たらんと**欲した**――われわれは天職人《ベルーフ》たら**ざるをえない**」[*12]、あるいは「精神のない専門人、心情のない享楽人。この無のものは、人間性のかつて達したことのない段階にまですでに登りつめた、と自惚れるだろう」等々のフレーズであり[*13]、これらが運命論的な響きをもってヴェーバー像を固定してきた[*14]。

その代表的な一つに、かつて「鉄の檻」と訳されてきた比喩的概念があった。しかしこの「檻」イメージは、『倫理』の英訳（パーソンズ訳）に影響されてミスリードされたものである。この語（ドイツ語のゲホイゼ）は本来、精密な内部を守る外側のケースを指す。腕時計の外枠や、携帯電話のケース、かたつむりの殻などである。

その原義で考えてみよう。ヴェーバーの表現は、ライオンや小鳥が外に出ないように閉じ込める「檻」ではなく、むしろ内側を保護する「殻」と訳して理解した方がよい[*15]。危険から保護してくれる場であるから、人びとは自発的にそこに入ろうとするのである。

しかし保護の殻は、現状維持の殻であり、そのまま同時に桎梏ともなる。桎梏だけをみると悲観主義的なヴェーバー像が前面に出るのだが、それは自己の生活を維持したり、または社会的立場を保守したりする両義的なものなのである。

先にみたように、[16]ヴェーバーは、日常的思考で実体とみなされる社会形象（国家や企業等々）を、秩序と行為との関連において捉える。その関係論的視点を踏まえて、この両義性をもった「殻」の生成を考えるなら、それは利害関係によって推し進められた行為の集積によって生成するのであり、[17]内側に「ひきつるようにしがみついている人間がいる」からつくられるのだといえる。[18]

バクスターの見解によると、外的な財への配慮は、ただ「いつでも脱げる薄いマント」のように聖徒の肩にかけられていなければならなかった。それなのに、運命はこのマントを鋼鉄のように堅い殻にしてしまった。[19]

『天路歴程』でみたように、ピューリタンが優先したのは、自己の魂への配慮であった。利益を追求して得た外的な財は、救済の印ではあるが、最終的には被造物的で現世的なものにすぎない。それゆえ、そこまで重要な配慮の対象ではない、はずだった。

しかし、確証思想によって駆り立てられ、しかも恩恵の地位を他者からも承認してもらうために、天職《ベルーフ》の遂行を通じて、殻を生成させていく。そしてついに、それはその内部に入らなければ没落の憂き目をみることになるだろう保護システムとなる。

誰にとっての殻なのか

今日、「近代経済秩序の強力なコスモス」は、そのなかに「生まれ落ちる」人びと、しかも「直接に経済的営利にたずさわる人びとだけではない――すべての個々人の生活スタイル」を規定してしまう、とヴェーバーはいう。[20] 人びとがこの秩序界にしがみついて、わき目もふらず前へ前へと真面目に働けば働くほど、鋼鉄の殻はますます硬化していくだろう。

こうした殻とそのなかに生きる者との関係について、詩人の吉野弘はその「不即不離」の関係を巧みに表現している。

ところで
空家にして　つまり殻を置き去りにして
かたつむりが出歩くことがあって
(私は見たことがある。というよりはむしろ経験した覚えがある。そのとき　それを　かたつむり　と呼んでいいのかどうかわからないのだけれど)
ゆっくり殻を引きずっているもうひとつの
かたつむりが心配そうな顔をすると
彼は　負け惜しみが強く
――あれは重くて
などといい乍ら
身軽になって死んでしまうのであった。[21]

最後の一行に、無条件に殻を放棄すべきだとはいえない理由が集約されている。殻の外で生きるのは苦難の道であり、命がけである。

ただし、ここで詩人が自らの経験をとおして語るのは、殻に閉じこもるのを不可避の宿命とする生き方ではない。この詩の前半で吉野は、「どのみち　ひとは／自分を抜け出なくてはならぬ」のであり、「自分を自分の外へ連れ出して／未知の可能性を試みなくてはならぬ」と、殻にしがみつくことを拒否している。そのとき殻は、もはや普遍的でも変更不能なものでもない。その殻の形成過程やその殻への意味づけ、その殻は誰を何のために――命のためか巨利のためか、個人の尊厳を守るためか虚飾のためか等々――保護し優遇するのかといった意味連関を考えることで、硬直した殻を破る最初の一突きを入られるだろう。[22]

競争の勝者と人生の敗北者

個人が殻にしがみつく背景の一つには、それまでの方法を固守しようとする伝統主義の根強さがあるだろうが、それは生き残るための手段であることもあるし、あるいは権力や名誉、既得権益を守ろうとする指向のこともあるだろう。いずれにせよ、そこに共通してみられるのは競争である。

ヴェーバーは、合衆国では営利が「純粋に競争的《アゴナール》な情熱」に結びつき、「スポーツの性格」さえおびていると述べた。[23] そのさい一つのエピソードとして、オハイオ州に移り住んだドイツ系女性の目からみた、彼女の岳父への人物評を紹介している。それによれば、その岳父は多額の年収があるにもかかわらず、さらなる資本の拡大こそが「すべてを打ち負かす」と考えて休息もとらず、夕方には家族を置いてさっさとベッドに入ってしまうし、休日も早く終わらないかと時計ばかりみている。そのような岳父について彼女は「まあ、人生の敗北者ですよ！」と述べたという。[*24]

もちろんヴェーバーは、その岳父からすれば彼女の評価は「ドイツ人の無気力の徴候」に思えるだろうと述べ、一方の勝者がもう一方からすれば敗者となる逆説に触れてはいる。しかし、今日の資本主義的経済秩序が人びとが貨幣獲得を天職《ベルーフ》とするのを必要としていると言いながらも、それが「外物にたいする人間の態度の一つのあり方」[*25]であると述べ、さらにその「天職《ベルーフ》理念を基礎とする合理的生活態度」についても「近代文化の諸構成要素の一つ」と相対化している点は見逃せない。問題は、個人をその競争に参加せざるをえなくする社会秩序にある。そのような秩序界を支える装置の一つが、AかBかの選択を迫る思考である。

二者択一による駆動

ヴェーバーは「あれか、これか」の「二者択一」(Alternative)について、『倫理』でくり返し言及している。

たとえば、選びか遺棄かの図式は宗教的貴族主義を生み出し、勤勉か怠惰かは破門の理由にもなる。ピューリタンは、神的なものか被造物的なものかという視点から、聖書の各文書を外典とするか否かを判断した。[*26]ピューリタンたちにあったのは、神の意志か、被造物的虚栄かの「二者択一**だけ**」だった。[*27]そして、「修道院からマニュファクチャーへとつながるあの壮大な**規律**」こそが、各人を「労働するか、淘汰されるか」の選択の前に立たせたのであった。[*28]

二者択一といっても、もちろん選択肢の双方が平等なわけではない。どちらを選ぶべきかはすでに決まっている。神的な文書を選ぶべきだし、神の意志を選ぶべきだし、労働することを選ぶべきと決まっている。

どちらを選ぶかと態度を迫る物いいは、人びとの思考を硬直させる。選択肢の一元化は、強固な殻への自発的な隷従へと人びとを導くだろう。近世の魔女狩りは、あらゆる領域で多様性が平準化されていく中世から近代への過渡期の不安のなかで生じた。観念はときに、人の命を奪うほどまで加熱して現実の力となるのである。

意味を問わず、ひたすら労働へと駆り立てられている状況では、社会の一元化に抗うことは難しい。現状は運命ではなく、次の状況への条件である。[*29] そう考えてみると、職業労働とは別の場を、生活のなかに確保することは重要である。それは生きるための一つのアジールとなる。家庭や職場とは異なる第三の居場所であったり、趣味のサークル[*30]であったりしてもいいし、家庭のなかの片隅でもいい。危険と隣り合わせだがネット上のつながりであることも、あるのかもしれない。そしてそのような「平和領域」を見いだし、安心して気軽[*31]に出入りするためにも、時間と休息が必要であり、経済的な底上げが必要である。

個人の幸福の立場

「事業のために人間が存在する」ような、労働そのものを自己目的化した資本主義の精神は、個人の幸福の立場からすれば「まったく**非合理**」だとヴェーバーはいう。[*32]

『倫理』末尾近くでヴェーバーは、「宗教的」な一七世紀が後の「功利的」な時代に残した「遺産」として、宗教的禁欲がもたらした三つの「**教育**作用」[*33]をあげている。それは第一に、合法的形式による貨幣獲得を義務とまで思う良心の形成であり、第二に、冷静で良心的で能力も高い、勤労意識の高い労働者をもたらしたことであり、第三に、現世の経済的不平等を神の摂理とみなして、安心して受け入れてよいとの保証を与えたことである。[*34]

　これらの教育作用が、いずれも経済秩序の繁栄に役立つとしても、「個人」の幸福や喜びになるとは限らない、むしろ往々にして阻害要因とさえなることは明らかだろう。

　しかし、思いがけず転がり込んできたこの禁欲の遺産を思わず笑いながら相続した啓蒙主義のオプティミズムが消え失せた現在、かつての「天職《ベルーフ》義務」の思想がその魂を抜き取られ「亡霊」となって「われわれの生活のなかを徘徊している」と、『共産党宣言』冒頭のフレーズを転用しながらヴェーバーはいう。[*35]『倫理』は、「機械的基礎の上に立った今日の資本主義」[*36]の地点から、そこに徘徊する亡霊（Gespenst=不安）の正体を突き止める試みなのである。本書はその試みを、理念の作用という一面からみてきたのであった。

　禁欲的プロテスタンティズムの倫理は、世俗の諸活動の多様な意味づけを天職《ベルーフ》の一語でまとめ上げ、生活全体を一元化した。勤めも稼ぎも生業も、みな天職《ベルーフ》の一語で表現される。ヴェーバーはその事態を、「営利を「天職《ベルーフ》」とみなすことが近代の企業家の特徴となったのと同様に、労働を「天職《ベルーフ》」とみなすことが近代の労働者の特徴となった[*37]」と述べている。

いかなる経緯で人間的な働く喜びが失われ、人びとの身も心も天職義務《ベルーフ》の遂行に染め上げられるにいたったのか。「理念の作用」の例示になる、そうヴェーバーが書き記した『倫理』は、現代の私たちがどのような不安を感じ、[38]どのような言葉（や映像）のなかで生き、それをどのように理解したり、自らも情報を（ネットやスマホで）発信したりして、自他にたいする道徳警察にまでなりながら、そうしてどこへと駆り立てられているのかを考えるよう促してくる。

自己と他者双方の声に耳を傾けながら、[39]さまざまに衝突もする「個人の幸福の立場」をいかに一元化することなく実現していくかが、いま問われている。

＊1 本書第1章を参照。

＊2 厚生労働省、「平成三〇年就労条件総合調査の概況」、六ページ。これは平均であり、付与日数の多い大企業を加味すれば、多くの中小企業の有給休暇は一八日以下だろう。自身や家族の病気や介護その他のために数日確保すると、ゆっくり休むゆとりはないに等しい。

＊3 『倫理』、七九ページ

＊4 『倫理』、三六三ページ

＊5 『倫理』、三〇四ページ

＊6 『倫理』、三〇四ページ

＊7 『倫理』、一七〇ページ

＊8 デイヴィッド・ライアン、『監視文化の誕生』参照

＊9 藤田省三、「『安楽』への全体主義」、三〇–三一ページ

＊10 『倫理』、八〇ページ

＊11 脱魔術化と再魔術化の表裏一体的な関係については、拙稿「脱魔術化と再魔術化」参照。

＊12 『倫理』、三六四ページ

＊13 『倫理』、三六四–三六六ページ

＊14 後者の引用は、可能性の一つとして言及されているのだが、大塚訳の岩波文庫版では「それはそれとして」と、運命論的に訳されてしまっている。この誤訳については、折原浩、「マックス・ヴェーバーの宗教社会学とその〈覚

醒予言〉性」、四三六ページ

＊15 殻概念については、拙稿「殻の中に住むものは誰か」参照。

＊16 本書第5章を参照。

＊17 「殻の中に住むものは誰か」、九一ページ。また橋本直人は、官僚制が形成される契機として団体間闘争を指摘した。橋本直人、「M・ウェーバーの官僚制化テーゼの再構成に向けて」参照。

＊18 この殻の形成メカニズムについては、高橋伸夫、『殻』、一五ページ

＊19 『倫理』、三六五ページ

＊20 『倫理』、三六五ページ

＊21 吉野弘、「かたつむり」、三三ページ

＊22 「殻の中に住むものは誰か」、九一―九二ページ

＊23 『倫理』、三六六ページ

＊24 『倫理』、三六七―三六八ページ

＊25 『倫理』、八二ページ

＊26 『倫理』、三一八ページ

＊27 『倫理』、三三六ページ

＊28 『倫理』、三〇五ページ

＊29 『倫理』三六六ページの「それはそれとして」という大塚訳を「最後の場合なら」と正しく訳せば、運命的風景は一変し、社会的可能性の議論であったと気づく。折原浩、『危機における人間と学問』、四三六ページ

＊30 浅野智彦『趣味縁からはじまる社会参加』は興味深い事例を紹介している。

＊31 気軽（カジュアル）であることは「サードプレイス」の重要な要素である。レイ・オルデンバーグ、『サードプレイス』、四五四ページ

＊32 『倫理』、七九―八〇ページ

＊33 『倫理』、三五五ページ

＊34 『倫理』、三五六ページ

＊35 『倫理』、三六五ページ

＊36 本書序章を参照

＊37 『倫理』、三六〇ページ

＊38 この点で、C・W・ミルズの「動機の語彙」論は重要である。ミルズはヴェーバーの議論に、動機の社会的構成という洞察を見いだした。「ヴェーバーは、動機とは意味の複合体であると、規定する。意味の複合体とは、行為者自身もしくは観察者にとって、その行為のために適切な根拠として映るものである。このような見解によって捉えられる動機の側面は、その本質的に社会的な性格である」。ミルズ、「状況化された行為と動機の語彙」、三四七ページ

＊39 ハンナ・アーレントを引きながら、齋藤純一は、ソクラテスの産婆の役割が、「自己を際立たせようとするアゴ

ニズムに訴えるのではなく、他者が保護の外套＝「表現の習律的・標準的なコード」を脱ぐのを助けること」にあったという。齋藤純一、『政治と複数性』、三〇ページ。

他なる主張を聞き届けることの重要性をヴェーバーは熟知していた。価値討議の問題について、矢野善郎、『マックス・ヴェーバーの方法論的合理主義』参照。

参考文献（新聞記事を除く）

『聖書』、新共同訳、［一九八七］、日本聖書協会

Lutherbible［1545］*Biblia Germanica*, (Die faksimilierte Ausgabe der Lutherbibl von 1545)［1967］, Deutsche Biblgesellschaft Stuttgart.

Lutherbible［1830］*Die Bibel, oder die ganze heilige Schrift des Alten und Neuen Testaments*, nach der deutschen Uebersetzung D. Martin Luthers, Vierte Auflage, Sulzbach, im Regenkreise Baierns, in der J. E. v. Seidel'schen Buchhandlung.

Lutherbible［2017］*Die Bible*, Nach Martin Luthers Übersetzung, Lutherbible revidiert 2017, Jubil Äumsausgabe, 500 Jahre Reformation, Deutsche Biblgesellschaft Stuttgart.

金谷治訳注［一九六二］『荀子』（下）、岩波書店（岩波文庫）

小林勝人訳注［一九七二］、『孟子』（下）、岩波書店（岩波文庫）

大橋俊雄校注［一九八五］『一遍上人語録』、岩波書店（岩波文庫）

中村元・紀野一義・早島鏡正訳註［一九九〇］『浄土三部経』（上）、岩波書店（岩波文庫）

阿部真大［二〇一七］「安定からやりがいへ――『やりがい搾取』のタネは九〇年代にまかれた」、大澤聡編、『一九九〇年代論』［二〇一七］、河出書房新社

Alcott, Louisa May［1868］*Little Women*、ルイザ・メイ・オルコット、『若草物語』（上）、海都洋子訳、［二〇一三］、岩波書店（岩波少年文庫）

安藤英治［一九九二］『ウェーバー歴史社会学の出立』、未來社

荒川敏彦［二〇〇二］「脱魔術化と再魔術化――創造と排除のポリティクス」、『社会思想史研究――特集 歴史と思想のダイナミズム』第二六号

荒川敏彦［二〇〇七］「殻の中に住むものは誰か――「鉄の檻」的ヴェーバー像からの解放」、『現代思想　総特集　マックス・ウェーバー』第三五巻第一五号
荒川敏彦［二〇〇八］「歴史における理念の作用――予定説の変容をめぐって」、橋本努・矢野善郎編、『日本マックス・ウェーバー論争――「プロ倫」読解の現在』、［二〇〇八］、ナカニシヤ出版
荒川敏彦・下村育世［二〇一四］「戦後日本における暦の再編（一）――迷信的『暦註』の禁止と復活」、『千葉商大紀要』第五一巻第二号
荒川敏彦［二〇一七］「宗教とリスクの交錯――世俗化論の変容をとおしてみた諸相」、正村俊之編著、『ガバナンスとリスクの社会理論――機能分化論の視座から』、勁草書房
有川真由美［二〇一五］『働くことを考えはじめたとき読む本』、ＰＨＰ研究所
浅野智彦［二〇一一］『趣味縁からはじまる社会参加』、岩波書店
Bunyan, John［1678］*The Pilgrim's Progress*、ジョン・バニヤン、『天路歴程　第一部』、竹友藻風訳、［1951］、岩波書店（岩波文庫）
Calvin, Jean［1562］、ジャン・カルヴァン、『カルヴァン説教集　一――命の登録台帳　エフェソ書第一章（上）』、アジア・カルヴァン学会編訳、［二〇〇六］、キリスト教新聞社
Camus, Albert［1947］La Peste、アルベール・カミュ、『ペスト』、宮崎嶺雄訳、［一九六九］、新潮社（新潮文庫）
Delumeau, Jean［1983］*Le péché et la peur. La culpabilisation en Occident (XIIIe-XVIIIe siécles)*、ジャン・ドリュモー、『罪と恐れ――西欧における罪責意識の歴史／十三世紀から十八世紀』、佐野泰雄・江花輝昭・久保田勝一・江口修・寺迫正廣訳、［二〇〇四］、新評論
Dostoevskii, Fëdor Mikhailovich［1880］*Brat'ya Karamazovy*、フョードル・ミハイロヴィッチ・ドストエフスキー、『ドストエフスキー全集　一五巻　カラマーゾフの兄弟（I）』、原卓也訳、［一九七八］、新潮社

Dowden, Edward［1900］*Puritan and Anglican: Studies in Literature*, London

Elias, Norbert［一九八二］*Über die Einsamkeit der Sterbenden Humata condition*、ノルベルト・エリアス、『死にゆく者の孤独』、中居実訳、［一九九〇］、法政大学出版局

Franklin, Benjamin［1818］*Autobiography*、ベンジャミン・フランクリン、『フランクリン自伝』、松本慎一・西川正身訳、［一九五七］、岩波書店（岩波文庫）

Fromm, Erich［1941］*Escape from Freedom*、エーリッヒ・フロム、『自由からの逃走』、日高六郎訳、［一九五一］、東京創元社

Goethe, Johann Wolfgang von［1833］*Faust*、ヨハン・ヴォルフガング・フォン・ゲーテ、『ファウスト（第二部）』、森林太郎訳、［一九二八］、岩波書店（岩波文庫）／相良守峯訳、［一九五八］、岩波書店（岩波文庫）

Goff, Jacques Le［1981］*La naissance du Purgatoire*、ジャック・ル・ゴフ、『煉獄の誕生』、渡辺香根夫・内田洋訳、［一九八八］、法政大学出版局

Greyerz, Kaspar von［1993］"Biographical Evidence on Predestination, Covenat, and Special Providence," Harmut Lehmann and Guenther Roth eds., *Weber's Protestant Ethic: Origins, Evidence, Contexts*, Cambridge University Press.

博報堂広報室［二〇一六］「博報堂生活総合研究所　生活者にきいた『二〇一七年生活気分』を発表」『ＮＥＷＳ』（2016.11.21）

橋本直人［一九九六］「Ｍ・ウェーバーの官僚制化テーゼの再構成に向けて――団体間闘争への適応としての官僚制化」、『一橋論叢』一一五（二）

藤田省三［一九八五］「「安楽」への全体主義――充実を取り戻すべく」、『藤田省三著作集　六　全体主義の時代経験』［一九九七］、みすず書房

藤原聖子［二〇〇六］『「聖」概念と近代――批判的比較宗教学に向けて』、大正大学出版会

石田光規［二〇一八］『孤立不安社会――つながりの格差、承認の追求、ぼっちの恐怖』、勁草書房
礒山雅［二〇〇九］『「救済」の音楽』、音楽之友社
Kendall, R. T.［1997］*Calvin and English Calvinism to 1649*, Paternoster
小林純［二〇一五］『マックス・ヴェーバー講義』、唯学書房
熊澤蕃山「集義和書」、後藤陽一・友枝龍太郎校注『熊澤蕃山　日本思想体系　三〇』［一九七一］、岩波書店
Lübbe, Hermann［1965］*Säkularisierung: Geschichite eines ideenpolitischen Begriffs*, Karl Alber
Lyon, David［2018］*The Culture of Surveillance: Watching as a way of Life*、デイヴィッド・ライアン、『監視文化の誕生――社会に監視される時代から、ひとびとが進んで監視する時代へ』、田畑暁生訳、［二〇一九］、青土社
Machiavelli, Niccolò［1532］*Il Principe*、ニッコロ・マキャヴェリ、『君主論』、池田廉訳、［一九七五］、中央公論社（中公文庫）
牧野雅彦［二〇〇九］『ヴェルサイユ条約――マックス・ウェーバーとドイツの講和』、中央公論新社（中公新書）
Mann, Thomas［1901］*Die Buddenbrooks*、トーマス・マン、『ブッデンブローク家の人びと』（上）、望月市恵訳、［一九六九］、岩波書店（岩波文庫）
松平定信、「鸚鵡の言乃葉」（写本）、「曽野家文書」須佐郷土史研究（http://susakyodoshi.sakura.ne.jp/fruit/mashino_manuscript/mashino_13_4.htm）（二〇二〇年二月一日閲覧）
Mills, C. Wright［1963］"Situated Actions and Vocabularies of Motive," *Power, Politics, and People: The Collected Essays of C. Wright Mills*、チャールズ・ライト・ミルズ、「状況化された行為と動機の語彙」、青井和夫・本間康平監訳、『権力・政治・民衆』［一九七一］、みすず書房
Milton, John［1667］*Paradise Lost*、ジョン・ミルトン、『失楽園』（下）、平井正穂訳、［一九八一］、岩波書店（岩波文庫）
内藤湖南［一八九四］「所謂日本の天職」『二十六世紀』第七號、『内藤湖南全集』第二巻、［一九七二］、筑摩書房

内藤葉子［二〇一九］『ヴェーバーの心情倫理――国家の暴力と抵抗の主体』、風行社
中野敏男［二〇一三］『マックス・ウェーバーと現代・増補版』、青弓社
夏目漱石［一九〇六］『草枕』、『漱石全集』第四巻、［一九五六］、岩波書店
夏目漱石［一九〇八］『坑夫』、『漱石全集』第六巻、［一九五六］、岩波書店
NHK放送文化研究所（世論調査部）『二〇一五年国民生活時間調査報告書』（https://www.nhk.or.jp/bunken/research/yoron/pdf/20160217_1.pdf）（二〇二〇年二月一一日閲覧）
野﨑敏郎［二〇一一］『大学人ヴェーバーの軌跡――闘う社会科学者』、晃洋書房
野﨑敏郎［二〇一六］『ヴェーバー『職業としての学問』の研究（完全版）』、晃洋書房
Oldenburg, Ray［1989］*The Great Good Place: Cafés, Coffee Shops, Bookstores, Bars, Hair Salons and Other Hangouts at the Heart of a Community*、レイ・オルデンバーグ、『サードプレイス――コミュニティの核になる「とびきり居心地よい場所」』、忠平美幸訳、［二〇一三］、みすず書房
大西晴樹［二〇〇〇］『イギリス革命のセクト運動〈増補改訂版〉』、お茶の水書房
折原浩［一九六五］「マックス・ウェーバーと辺境革命の問題」、『危機における人間と学問――マージナル・マンの理論とウェーバー像の変貌』［一九六九］、未來社
折原浩［一九六八］「マックス・ウェーバーの宗教社会学とその〈覚醒予言〉性」、『危機における人間と学問――マージナル・マンの理論とウェーバー像の変貌』［一九六九］、未來社
折原浩［一九八八］『マックス・ウェーバー基礎研究序説』、未來社
Poulet, Georges［1950］*Études sur le temps humain*、ジョルジュ・プーレ、『人間的時間の研究』、井上究一郎・山崎庸一郎・二宮フサ・山田𣝣・小林善彦・篠田浩一郎訳、［一九六九］、筑摩書房
齋藤純一［二〇〇八］『政治と複数性』、岩波書店

坂口ふみ［一九九六］『〈個〉の誕生――キリスト教教理をつくった人びと』、岩波書店

沢崎堅造［一九三七］「ルーテルの『職業』について」、『経済論叢』（京都帝國大学経済学會）第四五巻五號、『キリスト教経済思想史研究』［一九六五］、未來社

Schluchter, Wolfgang［2005］„Wie Ideen in der Geschichte wirken": Exemplarisches in der Studie über den asketischen Protestantismus," *Asketischer Protestantismus und der ,Geist' des modernen Kapitalismus*, Mohr Siebeck

Schiller, Friedrich von［1801］*Die Jungfrau von Orleans*, dtv-Gesamtausgabe,［1966］Deutscher Taschenbuch Verlag

鈴木宗徳［二〇一六］「自らを劣っていると認識させることについて――救貧法改革とマルサスおよびベンサム」、平子友長・橋本直人・佐山圭司・鈴木宗徳・景井充編著、『危機に対峙する思考』、梓出版社

高橋伸夫［二〇一三］『殻――脱じり貧の経営』、ミネルヴァ書房

竹内郁郎・宇都宮京子編［二〇一〇］『呪術意識と現代社会――東京都二十三区民調査の社会学的分析』、青弓社

Tauler, Johannes［1910］*Fratres, obsecro vos ego vinctus in domino*、ヨハネス・タウラー、「説教五十五　兄弟たちよ、主の定めによって捕らえられた私は、あなたがたに願う」、オイゲン・ルカ&橋本裕明訳、『中世ドイツ神秘主義　タウラー全説教集』第Ⅲ巻、［一九九四］、行路社

Tenbruck, Friedrich［1975］*Das Werk Max Webers*、フリードリッヒ・H・テンブルック、「マックス・ヴェーバーの業績Ｉ」、小林純訳、『マックス・ヴェーバーの業績』［一九九七］、未來社

Troeltsch, Ernst［1906→1911］*Die Bedeutung des Protestantismus für die Entstehung der modernen Welt*、エルンスト・トレルチ、「近代世界にたいするプロテスタンティズムの意義」、堀孝彦訳、『トレルチ著作集　第八巻　プロテスタンティズムと近代世界Ｉ』［一九八四］、ヨルダン社

Troeltsch, Ernst［1913］*Renaissance und Reformation*、エルンスト・トレルチ、『ルネサンスと宗教改革』、内田芳明訳、［一九五九］、岩波書店（岩波文庫）

戸田聡［二〇一二］「M・ヴェーバーにおける「禁欲」「修道制」概念」、『キリスト教史学』第六六巻
内村鑑三［一八九二］「日本国の天職」『内村鑑三全集』第一巻、［一九八一］、岩波書店
内村鑑三［一九一三］「天職発見の途」『聖書之研究』一五九号（一九一三年一〇月一〇日）、『内村鑑三全集』第二〇巻、［一九八二］、岩波書店
内村鑑三［一九二四］「日本の天職」『聖書之研究』（一九二四年一一月一〇日）、『内村鑑三全集』第二八巻、［一九八三］、岩波書店
上田紀行［二〇一五］『人生の〈逃げ場〉――会社だけの生活に行き詰まっている人へ』、朝日新聞社（朝日新書）
鷲田清一［二〇一一］『だれのための仕事』、講談社（講談社学術文庫）
Weber, Marianne［1926］*Max Weber: Ein Lebensbild* マリアンネ・ウェーバー、『マックス・ウェーバー』、大久保和郎訳、［一九六三＝一九八七］、みすず書房
Weber, Max［1904］Die »Objektivität« sozialwissenschaftlicher und sozialpolitischer Erkenntnis、マックス・ヴェーバー、『社会科学と社会政策にかかわる認識の「客観性」』、富永祐治・立野保男訳、折原浩補訳、［一九九八］、岩波書店（岩波文庫）
Weber, Max［1904/1905→1920］Die Protestantische Ethik und der »Geist« des Kapitalismus→Die Protestantische Ethik und der Geist des Kapitalismus、マックス・ヴェーバー、『プロテスタンティズムの倫理と資本主義の精神』、大塚久雄訳、［一九九一］、岩波書店（岩波文庫）（他の邦訳については序章末尾を参照）
Weber, Max［1920］Die Protestantischen Sekten und der Geist des Kapitalismus、マックス・ヴェーバー、「プロテスタンティズムの教派と資本主義の精神」、中村貞二訳、『世界の大思想 II－七 ウェーバー 宗教・社会論集』［一九六八］、河出書房新社
Weber, Max［1907］Kritische Bemerkungen zu den vorstehenden »Kritischen Beiträgen«、マックス・ヴェーバー、「前掲

『批判的寄与』に対する批判的覚書」、梅津順一訳、『「プロテスタンティズムの倫理と資本主義の精神」批判と反批判』［一九七七］、みすず書房（『Max Weber: Religionssoziologie I 付録』［一九七七］、みすず書房）
Weber, Max［1920］Einleitung、マックス・ヴェーバー、「世界宗教の経済倫理　序論」、大塚久雄・生松敬三訳、『宗教社会学論選』、［一九七二］、みすず書房
Weber, Max［1920］Zwischenbetrachtung: Theorie der Stufen und Richtungen religiöser Weltablehnung、マックス・ヴェーバー、「世界宗教の経済倫理　中間考察――宗教的現世拒否の段階と方向に関する理論」、大塚久雄・生松敬三訳、『宗教社会学論選』、［一九七二］、みすず書房
Weber, Max［1921］Soziologische Grundbegriffe、マックス・ウェーバー、『社会学の基礎概念』、阿閉吉男・内藤莞爾訳、［一九八七］、恒星社厚生閣
Weber, Max［1976］Ethnische Gemeinschaftsbeziehungen、マックス・ヴェーバー、「種族的共同社会関係」、『みすず』九－一〇月号、中村貞二訳、［一九七七］、みすず書房
Weber, Max［1976］Religionssoziologie (Typen religiöser Vergemeinschaftung)、マックス・ヴェーバー、『宗教社会学』、武藤一雄・薗田宗人・薗田坦訳、［一九七六］、創文社
Weber, Max［2015］Briefe 1895-1902, *Max Weber Gesamtausgabe*, III-2, J.C.B.Mohr
山路愛山［一八九三］「明治文学史」、『山路愛山集（明治文学全集三五）』［一九六五］、筑摩書房
山本通［二〇一七］『禁欲と改善――近代資本主義形成の精神的支柱』、晃洋書房
山室信高［二〇一一］「ブッデンブローク家の倫理と資本主義の精神病――マックス・ヴェーバーの「プロテスタンティズム・テーゼ」に照らして見たトーマス・マン『ブッデンブローク家の人々』」、『一橋社会科学』三号
矢野善郎［二〇〇三］『マックス・ヴェーバーの方法論的合理主義』、創文社
吉田兼好、西尾実・安良岡康作校注［一九八五］『徒然草』、岩波書店（岩波文庫）

吉野弘［一九六八］「かたつむり」、『吉野弘詩集』、思潮社

【行政の報告書】

総務省統計局「労働力調査（詳細集計）二〇一九年（令和元年）平均（速報）」（令和二年二月一四日）（https://www.stat.go.jp/data/roudou/sokuhou/nen/dt/pdf/index1.pdf）（二〇二〇年二月一五日閲覧）

厚生労働省「平成三〇年就労条件総合調査の概況」（https://www.mhlw.go.jp/toukei/itiran/roudou/jikan/syurou/18/dl/gaikyou.pdf）（二〇二〇年一月二九日閲覧）

厚生労働省「『非正規雇用』の現状と課題」（ＰＰＴ説明資料）（https://www.mhlw.go.jp/file/06-Seisakujouhou-11650000-Shokugyouanteikyokuhakenyukiroudoutaisakubu/0000120286.pdf）（二〇一九年一〇月二二日閲覧）

厚生労働省「平成二九年雇用動向調査結果の概況」（https://www.mhlw.go.jp/toukei/itiran/roudou/koyou/doukou/18-2/dl/gaikyou.pdf）（二〇一九年一〇月二二日閲覧）

厚生労働省「正規雇用と非正規雇用労働者の推移」（https://www.mhlw.go.jp/content/000508253.pdf）（二〇一九年八月三一日閲覧）

内閣府「国民生活に関する世論調査」（平成一三年九月－令和元年六月）（https://survey.gov-online.go.jp/r01/r01-life/index.html：URLは令和元年分のみ記す）（二〇二〇年二月一一日閲覧）

内閣府『平成三〇年版　高齢社会白書（全体版）（ＰＤＦ版）』（https://www8.cao.go.jp/kourei/whitepaper/w-2018/zenbun/30pdf_index.html）（二〇二〇年二月一一日閲覧）

内閣府『令和元年版　高齢社会白書（全体版）（ＰＤＦ版）』（https://www8.cao.go.jp/kourei/whitepaper/w-2019/zenbun/01pdf_index.html）（二〇二〇年二月一一日閲覧）

さいたま市「さいたま市墓地行政の基本方針（平成二七年）」（https://www.city.saitama.jp/007/008/003/p046024_d/fil/zenntai_botikihonnhousinn.pdf）（二〇一九年一〇月二二日閲覧）

読書案内

ヴェーバーの世界をさらに広げるために……荒川敏彦

はじめに、ヴェーバー自身の著作をあげよう。『宗教社会学論集』は原書では全三巻。全体の『序言』があった後に『倫理』と『ゼクテ』のプロテスタンティズム二論文があり、つづいて『世界宗教の経済倫理』シリーズがある(順に『序論』、『儒教と道教』(創文社)、『中間考察』、『ヒンドゥー教と仏教』(東洋経済新報社)、『古代ユダヤ教』(岩波文庫))。このうち『序言』『序論』『中間考察』は、『儒教と道教』の結論「儒教とピューリタニズム」とともに**『宗教社会学論選』**(みすず書房)で読める。これらと**『宗教社会学』**(創文社)とを合わせれば、ヴェーバーの宗教社会学の全体像がわかる。

その『宗教社会学』を収める『経済と社会』の全体像は、あまりに大きすぎて記せない。ここでは、その他に**『法社会学』『支配の社会学』『都市の類型学』**をあげておく(いずれも創文社。世良晃志郎の名訳と詳細な訳註がうれしい)。なお、これらは**『理解社会学のカテゴリー』**(未來社)を基礎に読むべき著作群であり、**『社会学の基礎概念』**は別の著作群の基礎だから注意が必要だ(折原浩の一連の研究参照。さしあたり**『日独ヴェーバー論争』**(未來社)をあげておく)。合理化を考えるうえで**『音楽社会学』**(創文社)も興味深い。

「理念型」論を知るには、『倫理』と一緒に発表された**『社会科学と社会政策にかかわる認識の「客観性」』**(岩波文庫)が必読。現実を非実体的・構成的に把握するヴェーバーの概念戦略がわかる。「価値自由」論は、かつて価値判断をしない中立性が科学だなどと解釈された時代もあったが、それがまったくの誤解であることは今では明らかである(三笘利幸『「価値自由」論の系譜』(中川書店)参照)。やはりヴェーバー自身の**『社会学および経済学の「価値自由」の意味』**(創文社)が重要。

『職業としての学問』(晃洋書房)と**『職業としての政治』**(岩波文庫)の二講演は、短いながらもエッセンスの詰まった重要著作。前者は、脱魔術化や神々の闘争、意味喪失問題も論じられて『倫理』と深く関連する。政治的時事論説は『**政治論集**』(みすず書房)にまとめられている。**住谷一彦・小林純・山田正範『マックス・ヴェーバー**』(清水書院)が格好の手引きとなる。

つぎに、『倫理』が対象とした近世という時代を知る手がかりをあげたい。こちらも山ほどあるが、まず大古典を二冊。**スミス『国富論**』は対象となる時代がややずれるが、労働の姿を詳細に観察している。**マルクス『資本論**』とくに第一巻二四章「いわゆる本源的蓄積」章は、『倫理』と同じ時代を論じたものとして読むと、歴史像構成の面白さが実感できる。**キース・トマス『生き甲斐の社会史**』(昭和堂)も、バクスターはじめ豊富な事例で示唆に富む。バクスターの著作は一千ページにもなる大著(が二冊)だが、**梅津順一『ピューリタン牧師バクスター**』(教文館)が見通しをつけてくれる。巻末の抄訳は有益。

『倫理』には批判も多いが、**ゾンバルト『ブルジョア**』(講談社学術文庫)など、著者が『倫理』を誤解したのだと思って読めば、その内容がかえって『倫理』を補強していることに気づく場合も多い。

近世は魔女狩りの時代でもあった。脱魔術化論を考えるうえで、**上山安敏『魔女とキリスト教**』(講談社学術文庫)や『**魔女狩りと悪魔学**』(人文書院)が示唆に富む。**黒川正剛『魔女とメランコリー**』(新評論)や**岩井淳『千年王国を夢みた革命**』(講談社選書メチエ)なども、カルヴァンの後継者たちの言葉と活動が人びとに及ぼした社会心理的影響を教えてくれる。

近世から近代への過渡期の生活態度論として、**安丸良夫『日本の近代化と民衆思想**』(平凡社ライブラリー)が、そのヴェーバー批判とは裏腹に『倫理』を深いところで理解した名著だと思う。生活態度の規律化という問題では**フーコー**の『**監獄の誕生**』(新潮社)がもちろん重要でよく言及されるが、加えて**フーコー『性の歴史**』(新潮社)が、自己統治の問題を論じる『倫理』の視圏にさらなる奥行きを与えてくれる。キリスト教との距離を考えるうえでは**ニーチェ『善悪の彼岸・道徳の系譜**』(ちくま学芸文庫)が重要。

『倫理』では文学作品も、人びとの心理や世界像を知る重要な手がかりとされる。ピューリタン文学以外では、**ゲーテ**とくに『**ヴィルヘルム・マイスターの遍歴時代**』と『**ファウスト**』が重要。ピューリタンは「つねに善を欲しつつ、つねに悪を作り出す」(『倫理』三一四ページ)とは、メフィストフェレスの言葉を逆転させた表現だ。

この逆説を現代人も生きている。

最後に読みやすい一冊を。**エンデ**の『**モモ**』は、一つの訳語の力を知るうえでも、Zeit ist Leben を「時間とはすなわち生活なのです」と訳した岩波書店の単行本版よりも、同じ訳者によって「時間とは、生きるということ、そのものなのです」と訳し直された岩波少年文庫版がいい。『倫理』は時間論として読めるのである。

あとがき

二〇二〇年二月一六日、新型コロナウィルスが感染拡大の兆しを見せるなか本書を脱稿した。その直後に国内でも陽性者数が急増し、社会状況は一変した。四月七日に発せられた「緊急事態宣言」は、すでに五月二五日に全面解除されているのだが、現在もなお感染の再拡大と今後の生活への不安が社会を覆っている。この「あとがき」を書いている六月一四日は、ちょうど一〇〇年前にヴェーバーがスペイン風邪に関連すると思われる肺炎のために急逝した命日にあたる。

『倫理』に疫病に関する記述はない。しかしデフォーが描いたロンドンのペスト禍（一六六五年）が示すように、中世に引きつづき近世も疫病は人びとを襲っていた。それは宗教戦争の時代であり、政治的にも経済的にも大きな転換の時代であった。

『倫理』は、この激動の時代に、まず真面目な信徒が生活態度を新たにし、社会秩序が再編されていく過程を描き出している。現代日本では厚労省が「新しい生活様式」を発表したが、かつてのピューリタンも宗教的不安のなかで自己規律化し、新しい生活様式（Lebensstil）を送るように自らの生き方・生活態度（Lebensführung）を改めていったのである。

宗教的にも経済的にも自信に満ちたピューリタンの根底に宗教的不安があったという『倫理』の

洞察は、高みに立ったと自惚れる近代人への警句で結ばれている。今回の世界的なウィルス感染は、じつはすでにリスクと不安にあふれていた現代社会の脆弱な部分を、次々と剥き出しにしていった。医療体制がここまで危機に瀕したことも、考えれば思い至りそうなものだったが、正直驚きであった。困難がつきまとっていたテレワークも否応なく普及した。この規則への従順とモニタリングの強化、そして孤立と新たなつながり方の経験は、将来の生活態度にどう影響するだろう。リアルとオンラインを適度に融合させた開放的な新境地が拓かれるのか、新たな殻が形成されその内部で規律化が進むのか、その他さまざまな可能性の前に私たちは立っている。長期的な視野からの考察が求められるが、そのとき『倫理』は一つの古典として参照されうるだろう。

「いま読む！ 名著」シリーズの一冊としての本書は、おそらく多くの『倫理』読者が意識せずに試みているだろう二つの指向、いまの視点から『倫理』を読む指向と、『倫理』を通していまを読む指向との両者を意識しながら執筆された。もちろん一六、一七世紀のヨーロッパに関して二〇世紀になされた考察を、二一世紀の日本社会の問題と素朴に重ねることなどできないのだが、古典は多少とも強引な読みを許容してくれるものと、ここは自分に都合よく考えておく。

研究を続けるには家族や恩師をはじめ陰に陽に多くの恩人がいる。すべての方のお名前を記したいところだがそれは叶わないので、ここではとくに、長らく筆者のヴェーバー研究を支えて下さった中野敏男氏、宇都宮京子氏、鈴木宗徳氏、三笘利幸氏のお名前をあげさせていただく。研究会や論文集やシンポジウムなど、さまざまな企画でご一緒し頻繁に議論する機会に恵まれたことは、筆者の計り知れない財産となっている。

またそもそも編集者の中西豪士氏が雑誌の拙論に目をとめて、一面識もない筆者に声をかけて下さらねば、書き下ろしの本書は存在の痕跡すらなかった。本シリーズの重心は先述した二つの指向の後者にあるにもかかわらず前者を相当盛り込むことを認めて下さり、何より遅々として進まない原稿を粘り強く導いて下さったことに感謝の意を表したい。

二〇二〇年六月　荒川敏彦

荒川敏彦（あらかわ・としひこ）
1972年生まれ。
一橋大学大学院社会学研究科博士後期課程単位取得退学。日本学術振興会特別研究員を経て、現在、千葉商科大学商経学部教授。専門は、宗教社会学、社会思想史。
おもな著書に、『日本マックス・ウェーバー論争――「プロ倫」読解の現在』（2008年、ナカニシヤ出版、共著）、『呪術意識と現代社会――東京都二十三区民調査の社会学的分析』（2010年、青弓社、共著）、『危機に対峙する思考』（2016年、梓出版社、共著）など。

いま読む！名著

「働《はたら》く喜《よろこ》び」の喪《そう》失《しつ》

ヴェーバー『プロテスタンティズムの倫理と資本主義の精神』を読み直す

2020年7月25日　第1版第1刷発行

著者　荒川敏彦
編集　中西豪士
発行者　菊地泰博
発行所　株式会社現代書館
〒102-0072　東京都千代田区飯田橋3-2-5
電話 03-3221-1321　FAX 03-3262-5906　振替 00120-3-83725
http://www.gendaishokan.co.jp/
印刷所　平河工業社（本文）　東光印刷所（カバー・表紙・帯・別丁扉）
製本所　積信堂
ブックデザイン・組版　伊藤滋章
校正協力：高梨恵一

ISBN978-4-7684-1020-2